中华人民共和国商标法

注释本

法律出版社法规中心　编

法律出版社
LAW PRESS CHINA
·北　京·

图书在版编目（CIP）数据

中华人民共和国商标法注释本／法律出版社法规中心编．--4版．--北京：法律出版社，2025．--（法律单行本注释本系列）．-- ISBN 978－7－5197－9826－0

Ⅰ．D923.435

中国国家版本馆CIP数据核字第2024F9S252号

中华人民共和国商标法注释本
ZHONGHUA RENMIN GONGHEGUO SHANGBIAOFA ZHUSHIBEN

法律出版社法规中心　编

责任编辑　张红蕊
装帧设计　李　瞻

出版发行　法律出版社
编辑统筹　法规出版分社
责任校对　冯高琼
责任印制　耿润瑜
经　　销　新华书店

开本　850毫米×1168毫米　1/32
印张　5.75　　**字数**　150千
版本　2025年1月第4版
印次　2025年1月第1次印刷
印刷　北京中科印刷有限公司

地址：北京市丰台区莲花池西里7号（100073）
网址：www.lawpress.com.cn
投稿邮箱：info@lawpress.com.cn
举报盗版邮箱：jbwq@lawpress.com.cn

销售电话：010－83938349
客服电话：010－83938350
咨询电话：010－63939796

书号：ISBN 978－7－5197－9826－0　　**定价**：18.00元

凡购买本社图书，如有印装错误，我社负责退换。电话：010－83938349

编辑出版说明

现代社会是法治社会，社会发展离不开法治护航，百姓福祉少不了法律保障。遇到问题依法解决，已经成为人们处理矛盾、解决纠纷的不二之选。然而，面对纷繁复杂的法律问题，如何精准、高效地找到法律依据，如何完整、准确地理解和运用法律，日益成为人们“学法、用法”的关键所在。

为了帮助读者快速准确地掌握“学法、用法”的本领，我社开创性地推出了“法律单行本注释本系列”丛书，至今已十余年。本丛书历经多次修订完善，现已出版近百个品种，涵盖了社会生活的重要领域，已经成为广大读者学习法律、应用法律之必选图书。

本丛书具有以下特点：

1. 出版机构权威。成立于1954年的法律出版社，是全国首家法律专业出版机构，始终秉承“为人民传播法律”的宗旨，完整记录了中国法治建设发展的全过程，享有“社会科学类全国一级出版社”等荣誉称号，入选“全国百佳图书出版单位”。

2. 编写人员专业。本丛书皆由相关法律领域内的专业人士编写，确保图书内容始终紧跟法治进程，反映最新立法动态，体现条文本义内涵。

3. 法律文本标准。作为专业的法律出版机构，多年来，我社始终使用全国人民代表大会常务委员会公报刊登的法律文本,积淀了丰富的标准法律文本资源,并根据立法进度及时更新相关内容。

4. 条文注解精准。本丛书以立法机关的解读为蓝本,给每个条文提炼出条文主旨,并对重点条文进行注释,使读者能精准掌握立法意图,轻松理解条文内容。

5. 典型案例释疑。本书在相应条文下收录典型案例,提炼裁判理由,读者可扫描相应的“有章”二维码查看案例原文。

6. 配套附录实用。书末“附录”部分收录的均为重要的相关法律、法规和司法解释,使读者在使用中更为便捷,使全书更为实用。

需要说明的是,本丛书中“适用提要”“条文主旨”“条文注释”等内容皆是编者为方便读者阅读、理解而编写,不同于国家正式通过、颁布的法律文本,不具有法律效力。本丛书不足之处,恳请读者批评指正。

我们用心打磨本丛书,以期待为法律相关专业的学生释法解疑,致力于为每个公民的合法权益撑起法律的保护伞。

法律出版社法规中心

2024 年 12 月

目　录

附　　录

《中华人民共和国商标法》适用提要

1982 年 8 月 23 日，第五届全国人民代表大会常务委员会第二十四次会议表决通过了《商标法》[①]，自 1983 年 3 月 1 日起施行。《商标法》的公布施行，在加强商标管理，保护商标专用权，促使生产、经营者保证商品和服务质量，维护商标信誉，保障消费者和生产、经营者的利益，促进社会主义市场经济的发展等方面发挥了重要作用。为了使《商标法》的规定更好地适应我国经济社会发展的要求，全国人大常委会分别于 1993 年、2001 年、2013 年和 2019 年对《商标法》进行了四次修正。

2019 年《商标法》修改的主要内容包括以下几个方面。

一、增加了注册申请人的使用义务

商标专用权不是自然产生的。在我国，自然人、法人或者其他组织在生产经营活动中，对其商品或者服务需要取得商标专用权的，应当向商标局申请商标注册，即在我国，商标权的取得方式是“注册取得”。但是，现实中恶意抢注商标、囤积注册等行为时有发生，为了规制恶意申请、囤积注册等行为，给恶意商标注册人敲响警钟，2019 年修改《商标法》，在第 4 条增加了注册申请人的使用义务，规定“不以使用为目的的恶意商标注册申请，应当予以

---

① 为方便读者阅读，本书中的法律法规名称均使用简称。

驳回”。

二、强调了商标代理机构的义务

根据《商标法》第 19 条第 3 款的规定，商标代理机构知道或者应当知道委托人申请注册的商标属于违反本法规定情形的，不得接受其委托。作为专业的服务机构，商标代理机构对委托人进行注册的商标具有合理审查义务，其从委托人申请商标注册的数量和名称、委托人的营业范围等多方面进行分析，可以判断委托人是否为恶意商标注册。对不以使用为目的的恶意商标注册申请、恶意抢先注册他人商标申请，商标代理机构应当予以驳回。实践中，一些商标代理机构违反诚实信用原则，利用其业务上的优势帮助委托人进行恶意商标注册，损害了公平的竞争秩序，对此类商标代理机构，应当予以严惩。

三、对商标异议、无效宣告提出的主体及理由作了进一步拓宽

2019 年修改《商标法》，对商标异议、无效宣告提出的主体及理由作了进一步拓宽，将自然人、法人或者其他组织不以使用为目的的恶意商标注册申请、商标代理机构违法商标注册申请作为违反绝对理由的情况，一起纳入商标异议程序和无效宣告程序中，作为提出商标异议、宣告注册商标无效的事由。如此规定的主要目的是对恶意商标注册进行规制，并将规制关口前移，多角度、全方位地对恶意商标注册申请和非正常商标注册申请进行打击。

四、加大对侵犯商标专用权行为的惩罚力度，提高侵权赔偿的标准

实践中，绝大部分商标侵权案件侵权一方的赔偿数额远远小于其因侵权所获得的利益，对于侵害商标专用权的损害赔偿责任仅仅适用传统意义上的“填平原则”已不足以达到有效遏制侵权行为的目的，故需要引入惩罚性赔偿措施，大幅度提高违法成本，让侵权者付出沉重代价。2019 年修改《商标法》，对侵犯商标专用权行为，在第 63 条第 1 款中，将恶意侵犯商标专用权的侵权赔偿数额计算倍数由1倍以上3倍以下提高到1倍以上5倍以下；在第63条第3款中，将法定赔偿数额上限从300万元提高到500万元，以给予权利人更加充分的补偿。对假冒注册商标的商品以及主要用于制造假冒注册商标的商品的材料、工具加大处置力度，并在第63条中增加两款规定，分别作为第4款和第5款，规定人民法院审理商标纠纷案件，应权利人请求，对属于假冒注册商标的商品，除特殊情况外，责令销毁；对主要用于制造假冒注册商标的商品的材料、工具，责令销毁，且不予补偿；或者在特殊情况下，责令禁止前述材料、工具进入商业渠道，且不予补偿。假冒注册商标的商品不得在仅去除假冒注册商标后进入商业渠道。

五、进一步强化商标代理机构的法律责任

对商标代理机构的非正常代理行为、非正常申请行为，商标局往往在审查的第一关口直接予以驳回，但仅仅驳回注册申请对代理机构的此类行为打击力度太弱，因此有必要增加行政处罚的规定，以对代理机构的非正常代理行为、非正常申请行为造成实质打击。同时，随着全民知识产权保护意识的提高，在商标领域内也出现了滥用诉讼权利的现象。恶意起诉不仅会给被诉企业带来不利影响，也会浪费司法资源，不符合商标权保护的立法目的，因此对恶意起诉，有必要从立法上进行规制。

中华人民共和国商标法

（1982年8月23日第五届全国人民代表大会常务委员会第二十四次会议通过　根据1993年2月22日第七届全国人民代表大会常务委员会第三十次会议《关于修改〈中华人民共和国商标法〉的决定》第一次修正　根据2001年10月27日第九届全国人民代表大会常务委员会第二十四次会议《关于修改〈中华人民共和国商标法〉的决定》第二次修正　根据2013年8月30日第十二届全国人民代表大会常务委员会第四次会议《关于修改〈中华人民共和国商标法〉的决定》第三次修正　根据2019年4月23日第十三届全国人民代表大会常务委员会第十次会议《关于修改〈中华人民共和国建筑法〉等八部法律的规定》第四次修正）

第一章　总　　则

第一条　【立法目的】[①]为了加强商标管理，保护商标专用权，促使生产、经营者保证商品和服务质量，维护商标信誉，以保障消费者和生产、经营者的利益，促进社会主义市场经济的发展，特制定本法。

条文注释[②]

本条是关于本法立法目的的规定。

---

①② 条文主旨、条文注释为编者所加，仅供参考，下同。——编者注

所谓商标，是指在生产经营活动中使用的，用于识别商品或者服务来源的标志。其中，“商”指的是商事，要求商标用于生产经营活动中，与商品或者服务结合起来，代表该商品或者服务的质量及其生产者和经营者的信誉，这是商标的价值所在；脱离商业活动、没有与商品或者服务结合在一起的标志本身没有价值。“标”指的是标志，要求商标具有识别能力，具有显著性特征，能够与其他标志区分开，清楚地指示商品或者服务来源于特定生产、经营者，而非其他生产、经营者。不具备显著特征的标志不适合作为商标。

第二条　【商标局和商标评审委员会的职责】国务院工商行政管理部门商标局主管全国商标注册和管理的工作。

国务院工商行政管理部门设立商标评审委员会，负责处理商标争议事宜。①

条文注释

本条是关于商标局和商标评审委员会的职责的规定。

1. 商标局的职责

(1) 商标局主管全国商标注册的工作。此规定从法律上确定了全国的商标注册工作实行集中统一的体制，或者说，商标局是全国统一办理商标注册的法定机构，其他任何机构都无权办理商标注册。其具体职责包括：商标局对商标注册申请进行初步审查，经审查认为商标注册申请符合本法有关规定的，予以公告；经审查认为商标注册申请不符合本法有关规定的，驳回申请，不予公告。公告期内第三人对商标注册申请有异议的，商标局对异议申请进行审查；公告期满第三人对商标注册申请无异议或者商标局经审查认为异议不成立的，予以核准注册；商标局经审查认为异议成立的，不予注册。

(2) 商标局主管全国商标管理的工作。注册商标的续展、变更、

① 根据2018年国务院机构改革方案，国家工商行政管理总局的商标管理职责归属国家知识产权局，由国家市场监督管理总局管理。——编者注

转让和使用许可，都应当到商标局办理相应的手续；对违反法律规定的注册商标，商标局应当依法宣告该注册商标无效或者撤销该注册商标。

2. 商标评审委员会的职责

商标评审委员会是负责处理商标争议事宜的法定机构，与商标局是平行的机构。有关商标评审委员会的职责、商标评审委员会与商标局的关系、商标评审委员会在处理商标争议中所处的法律地位，本法中均作了相应的规定，这就确立了商标争议的处理机制。具体来说，在出现以下几种情形时，商标评审委员会要进行相应的审查，并在法定期限内作出相应的决定或裁定：(1)当事人对商标局驳回申请、不予公告决定或不予注册决定不服的；(2)当事人对商标局宣告注册商标无效或撤销注册商标决定不服的；(3)当事人申请宣告注册商标无效的。

第三条　【注册商标及其分类、保护】经商标局核准注册的商标为注册商标，包括商品商标、服务商标和集体商标、证明商标；商标注册人享有商标专用权，受法律保护。

本法所称集体商标，是指以团体、协会或者其他组织名义注册，供该组织成员在商事活动中使用，以表明使用者在该组织中的成员资格的标志。

本法所称证明商标，是指由对某种商品或者服务具有监督能力的组织所控制，而由该组织以外的单位或者个人使用于其商品或者服务，用以证明该商品或者服务的原产地、原料、制造方法、质量或者其他特定品质的标志。

集体商标、证明商标注册和管理的特殊事项，由国务院工商行政管理部门规定。

条文注释

本条是关于注册商标及其分类以及商标专用权受法律保护的规定。

集体商标的主要特点是:(1)集体商标的所有权属于一个集体,以团体、协会或者其他组织的名义注册;(2)集体商标由这个集体的成员共同使用,不是该集体的成员不能使用;(3)集体成员只能在商事活动中使用该集体商标;(4)集体商标的作用在于表明使用该商标的商品或者服务来源于该集体的成员,以便与非该集体成员的商品或者服务相区别。一般来说,集体商标由其成员使用,使用人较多,覆盖面较宽,有利于形成市场优势。在使用集体商标时,并不排除使用集体成员自己所拥有的商标,集体商标与集体成员自己所拥有的商标可以同时使用。

证明商标的主要特点是:(1)证明商标由对某种商品或者服务具有监督能力的组织申请注册,这种监督能力是一种保证能力、检验能力,只有这样才能发挥证明商标的证明功能,保护消费者的利益。(2)证明商标持有人不得使用该商标,而只能由上述具有监督能力的组织认定的单位或者个人使用,这是证明商标的一个重要特点,与集体商标有着明显的不同。(3)证明商标的作用是证明该商品或者服务的原产地、原料、制造方法、质量或者其他特定品质,并非单纯指示该商品或者服务的来源,这是其与集体商标的另一个明显区别。

注册商标专用权受法律保护,是一条重要的法律原则,也是注册商标的一个重要特点。这一规定有以下几层含义:(1)商标只有经过商标局核准注册,才能产生注册商标专用权,即在其所注册的商品或者服务上享有独占使用该商标的权利。(2)商标专用权归属于商标注册人。即商标注册人对其注册商标在所注册的商品或者服务上享有独占使用的权利,他人未经许可不得在相同及类似的商品或者服务上使用与该注册商标相同或者近似的商标。(3)商标专用权受法律保护。任何侵犯注册商标专用权的行为,都要承担相应的法律责任。

关联法规

《集体商标、证明商标注册和管理办法》

《集体商标、证明商标注册和管理规定》

第四条 【商标注册】自然人、法人或者其他组织在生产经营活动中,对其商品或者服务需要取得商标专用权的,应当向商标局申请商标注册。不以使用为目的的恶意商标注册申请,应当予以驳回。

本法有关商品商标的规定,适用于服务商标。

条文注释

本条是关于商标注册主体、注册原则以及服务商标适用法律的规定。

1. 商标注册主体

根据本法规定,自然人、法人或者其他组织都可以申请注册商标。这里的自然人、法人、其他组织既包括中国的自然人、法人和其他组织,也包括外国的自然人和外国企业。

2. 商标自愿注册原则

商标经过注册取得注册商标专用权后,注册人有权禁止他人在相同或者类似商品上使用、注册与该商标相同或者近似的商标。因此,相较未注册商标,注册商标能够获得更全面、更有力的保护。是否通过注册获得这种保护,由商标使用人自由选择。自然人、法人或者其他组织认为需要取得商标专用权以获得保护的,应当向商标局申请商标注册。

3. 申请注册的商标应当用于生产经营活动

商标是在生产经营活动中用于识别商品和服务来源的标志,代表其所标示的特定商品或者服务的质量及其生产、经营者的信誉。申请注册的商标应当用于生产经营活动。自然人、法人或者其他组织无论是已经在其生产经营活动中实际使用该商标,还是准备在今后的生产经营活动中使用该商标,都可以申请商标注册。

4. 商品商标和服务商标

在商品上使用的商标称为商品商标,在服务上使用的商标称为服务商标。服务商标一般用于银行、保险、广告、旅游、电信、运输、学校、医院等服务领域。商品商标和服务商标在商标注册簿上具有相应的分类,二者都可以申请商标注册。

商品商标和服务商标最大的区别在于使用对象不同,但它们之间也有着诸多共同之处,甚至在某些情况下,服务也可以作为一种商品,提供商品也包含着提供服务。在本法中,虽然对商品商标和服务商标作了区分,但它们可以适用共同的规则,因此本条第2款规定,本法有关商品商标的规定,适用于服务商标。这也从法律上表明,在本法的调整范围内,商品商标与服务商标适用同样的法律规范,在本法中使用“商标”一词时,商品商标和服务商标都被包括在内。

关联法规

《商标代理监督管理规定》第15、30条;《规范商标申请注册行为若干规定》第3~5、8条;《商标一般违法判断标准》第33条

第五条 【注册商标共有】两个以上的自然人、法人或者其他组织可以共同向商标局申请注册同一商标,共同享有和行使该商标专用权。

条文注释

本条是关于注册商标共有的规定。

共有商标具有以下基本特征:(1)主体是两个以上的权利人。这里所称的主体,既可以是自然人,也可以是法人或者其他组织,并且他们之间在共有商标时可以交叉组合,不受限制。商标局应当将共有商标的所有共有人都记录在册。(2)客体是一个注册商标,即数个权利人共同拥有一项法定权利。(3)共有商标的数个主体共同享有和行使该商标专用权,具体办法原则上适用民事共有的有关规则。

需要注意的是,共有商标几个主体之间应当订立共有协议,确定相互之间的权利义务关系;共有商标的商标注册人共同享有和行使商标专用权是经过商标局核准的,一经注册不得自行更换;有变动的,也须经过法定程序。共有商标在本法中源自商标注册,这里的“注册”既可以是初始创立的商标注册,也可以是因商标转让、主体变换而形成的变更注册。

共有商标的特殊性集中体现在主体之间的共有关系上，而在商标的权利确定、行使以及商标的使用管理等方面，共有商标与普通商标没有区别，都适用本法的规定。

第六条　【商标强制注册】法律、行政法规规定必须使用注册商标的商品，必须申请商标注册，未经核准注册的，不得在市场销售。

条文注释

本条是关于商标强制注册的特别规定。

需要进行强制注册的商品范围由法律或者行政法规规定。目前，必须使用注册商标的商品只有烟草制品类。《烟草专卖法》第19条规定，卷烟、雪茄烟和有包装的烟丝必须申请商标注册，未经核准注册的，不得生产、销售。禁止生产、销售假冒他人注册商标的烟草制品。

关联法规

《商标一般违法判断标准》第3、4条

第七条　【诚信原则和商标使用人对商品质量负责】申请注册和使用商标，应当遵循诚实信用原则。

商标使用人应当对其使用商标的商品质量负责。各级工商行政管理部门应当通过商标管理，制止欺骗消费者的行为。

条文注释

本条是关于诚信原则和商标使用人对使用商标的商品质量负责的规定。

本法中的商标使用人使用商标的情况各不相同，主要包括以下几种：商标注册人自己将所注册的商标使用于指定的商品上；使用人依法经过使用许可后，将商标使用于自己的商品上；共有商标的共有人分别将所共有的商标使用于自己的商品上；某个集体的成员将该集体注册的集体商标使用于自己的商品上；使用人经过合法的手续，将某一组织所控制的证明商标使用于自己的商品上；等等。此外，转让注册商标的，受让人成为新的注册人，也应当保证继续使用该注册商标的商品质量，使其符合消费者对该商标所代表的商品质量的认知。虽然这些使用商标的情况有所不同，但是它们都有明确的商标使用人，每一个商标使用人都应当在自己所承担的责任范围内对商品质量负责。

第八条　【商标的本质特征和构成要素】任何能够将自然人、法人或者其他组织的商品与他人的商品区别开的标志，包括文字、图形、字母、数字、三维标志、颜色组合和声音等，以及上述要素的组合，均可以作为商标申请注册。

条文注释

本条是关于商标的本质特征和构成要素的规定。

(1)文字。文字是构成商标的最基本、最常见的要素之一，它在表现商标的区别性上有着不可替代的作用。有的商标由文字和文字的要素组合而成，有的商标则单纯由文字组成，如有的商标就是一个“喜”字或者一个“福”字等。文字作为商标的构成要素，既可以是各种字体的文字，也可以是在艺术形式上有所变化的文字。

(2)图形。图形是构成商标的又一个最基本的要素，它的表现力很强，可以鲜明地表现出与其他事物的区别。图形既可以是具体描绘人和物的形状的图形，也可以是虚构的、抽象的图形。有些商标是单纯的图形，而有些商标是图形与文字的组合。

(3)字母和数字。字母和数字属于文字的特殊类型，与文字适用的规则基本相同。

(4)三维标志。三维标志是指能够通过商品本身的形状、商品的包装物或者其他三维形状识别商品和服务来源的标志，如可口可乐的玻璃瓶外形。三维标志构成的商标称为立体商标。

(5)颜色组合。在我国，目前只有颜色组合才可以作为商标申请注册；虽然有的国家已经允许将单一颜色注册为商标，但是，实践中我国企业还没有将其作为商标注册的需求，因此暂不在法律中作出明确规定。

(6)声音。声音商标既可以是音乐片段,如手机的开机铃声;也可以是自然界的声音,如米高梅影业有限公司的狮子吼。

第九条　【申请注册的商标应当遵循的基本原则】申请注册的商标,应当有显著特征,便于识别,并不得与他人在先取得的合法权利相冲突。

商标注册人有权标明"注册商标"或者注册标记。

条文注释

本条是关于申请注册的商标应当遵循的基本原则和商标注册人有权标明注册标记的规定。

1. 申请注册的商标应当遵循的基本原则

(1)申请注册的商标应当有显著特征。商标是用于识别商品或者服务来源的标志,应当具备帮助消费者将其所代表的生产、经营者的商品或者服务同其他生产、经营者的商品或者服务区分开来的能力,这是商标的显著特征,或者称为商标的显著性、区别性。商标的显著特征有强弱之分,与构成商标的标志本身、商标指定使用商品、商标指定使用商品所属行业的实际使用情况以及相关公众的认知习惯等因素都有关系。不具有显著特征的标志,不得作为商标申请注册。

(2)申请注册的商标不得与他人在先取得的合法权利相冲突。作为商标申请注册的标志,可能同时存在其他合法权利,如著作权、外观设计专利权等。为防止不同的权利之间产生冲突,避免在商标注册中产生侵权行为,本法专门作出规定,申请注册的商标不得与他人在先取得的合法权利如商号权、著作权、外观设计专利权、姓名权、肖像权等相冲突。

2. 商标注册人有权标明注册标记

对已经注册的商标,商标注册人可以在该商标上标明注册标记,以标示该商标为注册商标。注册标记可以是"注册商标"字样,也可以是"㊟"或者"®"字样。这项标明注册标记的权利属于商标注册人,其他人无权使用这种注册标记。任何人都不得以擅自在商品上标明注册标记的方式从事假冒注册商标的违法活动。

第十条　【不得作为商标使用的标志及使用地名作为商标的管理】下列标志不得作为商标使用：

（一）同中华人民共和国的国家名称、国旗、国徽、国歌、军旗、军徽、军歌、勋章等相同或者近似的，以及同中央国家机关的名称、标志、所在地特定地点的名称或者标志性建筑物的名称、图形相同的；

（二）同外国的国家名称、国旗、国徽、军旗等相同或者近似的，但经该国政府同意的除外；

（三）同政府间国际组织的名称、旗帜、徽记等相同或者近似的，但经该组织同意或者不易误导公众的除外；

（四）与表明实施控制、予以保证的官方标志、检验印记相同或者近似的，但经授权的除外；

（五）同“红十字”、“红新月”的名称、标志相同或者近似的；

（六）带有民族歧视性的；

（七）带有欺骗性，容易使公众对商品的质量等特点或者产地产生误认的；

（八）有害于社会主义道德风尚或者有其他不良影响的。

县级以上行政区划的地名或者公众知晓的外国地名，不得作为商标。但是，地名具有其他含义或者作为集体商标、证明商标组成部分的除外；已经注册的使用地名的商标继续有效。

条文注释

本条是关于不得作为商标使用的标志及使用地名作为商标的管理的规定。

1. 不得作为商标使用的标志

结合我国的实际情况，本条规定，下列标志不得作为商标使用：

(1)同中华人民共和国的国家名称、国旗、国徽、国歌、军旗、军徽、军歌、勋章等相同或者近似的,以及同中央国家机关的名称、标志、所在地特定地点的名称或者标志性建筑物的名称、图形相同的。本条第1款第1项中的国家名称包括国家名称的全称、简称和缩写,我国国家名称的全称是“中华人民共和国”,简称为“中国”,英文简称或者缩写为“CN”“CHN”“PRC”“CHINA”“P. R. CHINA”;国旗是五星红旗;国徽的中间是五星照耀下的天安门,周围是谷穗和齿轮;国歌是《义勇军进行曲》;军旗是中国人民解放军军旗,图案为红底,靠旗杆上方为金黄色五角星及“八一”两字;军歌是《中国人民解放军进行曲》;勋章是国家有关部门颁授给对国家、社会作出杰出贡献的人或者组织的表示荣誉的证章;中央国家机关的名称、标志、所在地特定地点的名称或者标志性建筑物的名称,如“全国人民代表大会”“国务院”“中南海”“钓鱼台”“天安门”“新华门”“紫光阁”“怀仁堂”“人民大会堂”等。

(2)同外国的国家名称、国旗、国徽、军旗等相同或者近似的,但经该国政府同意的除外。我国在国际交往中遵循“和平共处五项原则”,主张国家不分大小、贫富、强弱,一律平等。为尊重外国国家主权,根据本条第1款第2项规定,一切同外国的国家名称、国旗、国徽、军旗等相同或者近似的标志,非经该国政府同意,不得作为商标使用。本条第1款第2项中的国家名称包括中文和外文的全称、简称和缩写;国旗,是指由国家正式规定的代表本国的旗帜;国徽,是指由国家正式规定的代表本国的标志;军旗,是指由国家正式规定的代表本国军队的旗帜。

(3)同政府间国际组织的名称、旗帜、徽记等相同或者近似的,但经该组织同意或者不易误导公众的除外。政府间国际组织,是指若干国家和地区的政府为了特定目的,通过条约或者协议建立的有一定规章制度的团体,如联合国、欧洲联盟、东南亚国家联盟、非洲统一组织、世界贸易组织、世界知识产权组织等。为了体现对这些国际组织的尊重,所有与这些国际组织的名称、旗帜、徽记等相同或者近似的标志不得作为商标使用,但经该组织同意或者不易误导公众的除外。国际组织的名称包括其全称、简称和缩写。例如，欧洲联盟的中文简称为欧盟，英文全称为European Union，英文缩写为EU，旗帜为蓝色背景上由12枚金星组成的圆环。

(4)与表明实施控制、予以保证的官方标志、检验印记相同或者近似的，但经授权的除外。表明实施控制、予以保证的官方标志、检验印记是政府履行职责，对所监管事项作出的认可和保证，具有国家公信力，不宜作为商标使用；否则，将对社会公众造成误导，使这种标志的公信力大打折扣。

(5)同“红十字”“红新月”的名称、标志相同或者近似的。“红十字”是国际红十字会的标志，“红新月”是红新月国际联合会的标志，国际红十字会和红新月国际联合会都是自愿的国际性的救护、救济组织。根据有关国际条约的规定，“红十字”“红新月”的名称和标志不得用于与国际红十字会和红新月国际联合会的宗旨无关的活动。

(6)带有民族歧视性的。民族歧视性，是指商标的文字、图形或者其他构成要素带有对特定民族进行丑化、贬低或者其他不平等看待该民族的内容。民族歧视性的判定应综合考虑商标的构成及其指定使用的商品、服务。我国是统一的多民族国家，各民族一律平等。为了维护和促进民族团结，任何带有民族歧视性的标志禁止作为商标使用。

(7)带有欺骗性，容易使公众对商品的质量等特点或者产地产生误认的。带有欺骗性，是指所使用的商标故意夸大商品和服务的功能、作用，欺骗消费者，如用“健康”“长寿”作为香烟商标，用“万能”作为药品商标等。为保护消费者的权益，对于夸大宣传并带有欺骗性的标志，禁止作为商标使用。

(8)有害于社会主义道德风尚或者有其他不良影响的。社会主义道德风尚，是指我国人民共同生活及其行为的准则、规范以及在一定时期内社会上流行的良好风气和习惯；其他不良影响，是指商标的文字、图形或者其他构成要素对我国的政治、经济、文化、宗教、民族等社会公共利益和公共秩序产生消极的、负面的影响。有害于社会主义道德风尚或者有其他不良影响的判定既要考虑社会背景、政治背景、历史背景、文化传统、民族风俗、宗教政策等因素,也要考虑商标的构成及其指定使用的商品和服务。

2. 使用地名作为商标的管理

原则上,县级以上行政区划的地名或者公众知晓的外国地名,不得作为商标使用。县级以上行政区划,包括县级的县、自治县、县级市、市辖区、旗;地级的市、自治州、地区、盟;省级的省、直辖市、自治区;两个特别行政区即香港特别行政区和澳门特别行政区;台湾地区。县级以上行政区划的地名,包括地名的全称、简称以及拼音形式。县级以上行政区划的地名以《中华人民共和国行政区划简册》为准。公众知晓的外国地名,是指公众知晓的我国以外的其他国家和地区的地名,如“曼哈顿”“伦敦”等。

地名具有其他含义或者作为集体商标、证明商标组成部分的,可以作为商标使用;已经注册的使用地名的商标继续有效。地名具有其他含义,如“凤凰”除了具有地域名称的含义外,还有传说中的“百鸟之王”的含义,因此可以作为商标使用。集体商标和证明商标从其本身的性质考虑,可以使用地名作为其商标的组成部分,如原产地证明商标等。对已经注册的使用地名的商标(如天津生产的“北京牌”电视机等)允许其继续有效,有利于对商标所有权人合法权益的保护。

关联法规

《商标法实施条例》第52条;《商标印制管理办法》第6条;《商标一般违法判断标准》第3、5~12、14~16、33条

第十一条 【不得作为商标注册的标志及显著特征的取得】下列标志不得作为商标注册:

(一)仅有本商品的通用名称、图形、型号的;

(二)仅直接表示商品的质量、主要原料、功能、用途、重量、数量及其他特点的;

（三）其他缺乏显著特征的。

前款所列标志经过使用取得显著特征，并便于识别的，可以作为商标注册。

条文注释

本条是关于禁止缺乏显著特征的标志作为商标注册以及商标经过使用取得显著特征的规定。

1. 禁止缺乏显著特征的标志作为商标注册

根据本法第9条的规定，申请注册的商标，应当有显著特征，便于识别。可识别性是商标的基本特征。生产、经营者通过商标推介自己的商品和服务，消费者通过商标区别不同生产、经营者的商品和服务。如果商标不具有显著特征，就无法实现商标的功能，也就无法作为商标申请注册。商标显著特征的判定应当综合考虑构成商标的标志本身、商标指定使用商品、商标指定使用商品的相关公众的认知习惯、商标指定使用商品所属行业的实际使用情况等因素。下列标志一般不具有显著特征，不得作为商标申请注册：

（1）仅有本商品的通用名称、图形、型号的。例如，将“苹果”的文字或者图形作为苹果这种水果的商标，将表示加大码的“XL”作为服装的商标，等等。

（2）仅直接表示商品的质量、主要原料、功能、用途、重量、数量及其他特点的。例如，将“纯净”作为饮用水的商标，将“柴鸡”作为调味品的商标，将“安全”作为漏电保护器的商标，将“50kg”作为大米的商标，将“蜡染”作为布的商标，等等。

（3）其他缺乏显著特征的。例如，过于简单的线条、普通几何图形等。

2. 商标经过使用取得显著特征

商标显著特征的取得有两种途径：一是通过对商标构成要素的精心设计，使商标具有显著特征；二是通过使用得到公众认同，使商标产生显著特征。实践中，一些原来没有显著特征的商标经过使用后，消费者能够通过它识别商品或者服务的来源，即经过使用产生了显著特征,对于此类商标,国际通行做法是给予注册保护。为与国际通行做法接轨,本条第2款规定,前款所列标志经过使用取得显著特征,并便于识别的,可以作为商标注册。

关联法规

《商标法实施条例》第52条

第十二条　【三维标志申请注册商标的限制】 以三维标志申请注册商标的,仅由商品自身的性质产生的形状、为获得技术效果而需有的商品形状或者使商品具有实质性价值的形状,不得注册。

条文注释

本条是关于三维标志申请注册商标的限制条件的规定。

本条对三维标志申请注册商标规定了以下三项限制条件:

(1)仅由商品自身的性质产生的形状,即为实现商品固有的功能和用途所必须采用的或者通常采用的形状,不得注册为商标。例如,食品中的元宵、麻花等不得注册为商标。

(2)为获得技术效果而需有的商品形状,即为使商品具备特定的功能,或者使商品固有的功能更容易得到实现所必须使用的形状,不得注册为商标。例如,电动剃须刀刀片的形状,是为了达到一定的技术效果设计的,而不是为了与其他剃须刀相区别,不具有商标的功能,如果允许将这种刀片的形状注册为剃须刀的商标并独占使用,将有碍此项技术的推广与应用。

(3)使商品具有实质性价值的形状,即为使商品的外观和造型影响商品价值所使用的形状,不得注册为商标。如钻石特有的切割面造型,是钻石具有实质性价值所必须使用的形状,这个事实对任何钻石生产、经营者来讲都是不可改变的。如果允许将钻石特有的切割面造型注册为钻石的商标并独占使用,对其他钻石生产、经营者是不公平的。

关联法规

《商标法实施条例》第52条

第十三条 【驰名商标的特别保护】为相关公众所熟知的商标，持有人认为其权利受到侵害时，可以依照本法规定请求驰名商标保护。

就相同或者类似商品申请注册的商标是复制、摹仿或者翻译他人未在中国注册的驰名商标，容易导致混淆的，不予注册并禁止使用。

就不相同或者不相类似商品申请注册的商标是复制、摹仿或者翻译他人已经在中国注册的驰名商标，误导公众，致使该驰名商标注册人的利益可能受到损害的，不予注册并禁止使用。

条文注释

本条是关于驰名商标特别保护的规定。

本条第1款规定，驰名商标持有人认为其权利受到侵害时，可以依照本法规定请求驰名商标保护。这表明，驰名商标的保护适用被动保护原则，即商标局、商标评审委员会、人民法院等不得主动适用本法有关保护驰名商标的规定，只有当事人提出保护其驰名商标的申请后，才可以适用相应的规定。

本条第2款和第3款从两个方面对驰名商标的保护作出明确规定，对未在中国注册的驰名商标和已在中国注册的驰名商标的保护范围有所不同。(1)就相同或者类似商品申请注册的商标是复制、摹仿或者翻译他人未在中国注册的驰名商标，容易导致混淆的，不予注册并禁止使用。也就是说，对未在中国注册的驰名商标，只保护其在相同或者类似商品上注册和使用的权利。但是，如果该申请注册的商标的商品与未在中国注册的驰名商标的商品不相同或不相类似，则不禁止其注册和使用。(2)就不相同或者不相类似商品申请注册的商标是复制、摹仿或者翻译他人已经在中国注册的驰名商标，误导公众，致使该驰名商标注册人的利益可能受到损害的，不予注册并禁止使用。也就是说，对已在中国注册的驰名商标，不仅禁止他人在相同或者类似商品上注册和使用，也禁止他人在其声誉所及的不相同或者不相类似商品上注册和使用，体现了本法侧重保护注册商标的原则。

关联法规

《商标法实施条例》第3、24、43、72条；《驰名商标认定和保护规定》第5～7、11、12、16条；《规范商标申请注册行为若干规定》第3条；《商标一般违法判断标准》第33条

第十四条　【驰名商标的认定】驰名商标应当根据当事人的请求，作为处理涉及商标案件需要认定的事实进行认定。认定驰名商标应当考虑下列因素：

（一）相关公众对该商标的知晓程度；

（二）该商标使用的持续时间；

（三）该商标的任何宣传工作的持续时间、程度和地理范围；

（四）该商标作为驰名商标受保护的记录；

（五）该商标驰名的其他因素。

在商标注册审查、工商行政管理部门查处商标违法案件过程中，当事人依照本法第十三条规定主张权利的，商标局根据审查、处理案件的需要，可以对商标驰名情况作出认定。

在商标争议处理过程中，当事人依照本法第十三条规定主张权利的，商标评审委员会根据处理案件的需要，可以对商标驰名情况作出认定。

在商标民事、行政案件审理过程中，当事人依照本法第十三条规定主张权利的，最高人民法院指定的人民法院根据审理案件的需要，可以对商标驰名情况作出认定。

生产、经营者不得将“驰名商标”字样用于商品、商品包装或者容器上，或者用于广告宣传、展览以及其他商业活动中。

条文注释

本条是关于驰名商标认定的规定。

1. 驰名商标认定是事实认定、个案认定

商标是否为相关公众所熟知，是客观存在的事实状态；商标局、商标评审委员会、人民法院对商标驰名情况作出认定，是对这种事实状态的确认，而非对商标持有人的授权。商标因为其本身驰名而获得认定，而非因为认定而变得驰名。因此，驰名商标认定是事实认定。

商标是否驰名，应当在个案中作出认定，有关主管机关在特定案件中认定某商标为驰名商标，也仅在该案件中具有效力。一个商标在一个案件中被认定为驰名商标，并不必然表明其在另一个案件中也会被认定为驰名商标。

2. 认定驰名商标应当考虑的因素

第一，相关公众对该商标的知晓程度。驰名商标在市场上有着较高的声誉，为相关公众所认同。这里的相关公众，是指与使用该商标的商品和服务有关的公众，而非所有的公众。把公众知晓程度作为认定驰名商标的首要因素符合《与贸易有关的知识产权协定》规定的原则和一般大众的心理。

第二，该商标使用的持续时间。一个商标要取得市场信誉，形成竞争力，必须经过使用。无论是注册商标还是未注册商标，只有通过使用才能为公众所知晓、被公众所认同；商标的使用时间越长，越容易为更多相关公众所知晓。

第三，该商标的任何宣传工作的持续时间、程度和地理范围。驰名商标应当是公众所熟知的商标，一个商标要想让公众所熟知，需要广为宣传。随着互联网等现代传媒手段的发展，有些商标可以通过广告宣传迅速为广大公众所知晓。

第四，该商标作为驰名商标受保护的记录。根据《保护工业产权巴黎公约》和《与贸易有关的知识产权协定》的规定，驰名商标在上述公约和协定的成员国受到保护。我国是上述公约和协定的成员国，如果能够提供某商标曾经作为驰名商标在上述公约和协定的成员国受过保护的记录及相关证明文件，对在我国认定该商标为驰名商标将起到重要作用。

第五，该商标驰名的其他因素。应当注意的是，本条所列认定驰名商标应当考虑的因素只是认定商标驰名情况的最主要的参考因素，而不是认定驰名商标一定要具备的因素。在每一个案例中，驰名商标的认定取决于该案例的特殊情况：有的可能与全部因素相关，有的可能只与部分因素相关。

3. 驰名商标的认定主体、认定程序及其被动认定、因需认定原则

本条对驰名商标的认定主体、认定程序及其被动认定、因需认定原则有以下规定：

（1）在商标注册审查过程中，商标局可以对商标驰名情况作出认定。商标局审查商标注册申请时，在先权利人或者利害关系人依照本法第 13 条规定提出异议的，商标局应当对请求保护的商标的驰名情况作出认定。属于驰名商标的，商标局应当对该商标注册申请是否存在违反本法第 13 条第 2 款、第 3 款规定的情形进行审查；存在上述情形的，商标局对该商标注册申请不予注册。

（2）在工商行政管理部门查处商标违法案件过程中，当事人依照本法第 13 条规定主张权利的，商标局根据审查、处理案件的需要，可以对商标驰名情况作出认定。所谓商标违法案件，既包括侵犯注册商标专用权的案件，也包括侵犯未注册驰名商标持有人权利的案件。应当注意的是，全国各地的工商行政管理部门都有权查处侵犯注册商标专用权的案件，但工商行政管理部门不得对商标驰名情况作出认定，当事人提出认定申请的，应当转交国家知识产权局商标局认定。

（3）在商标争议处理过程中，商标评审委员会可以对商标驰名情况作出认定。商标注册后，在先权利人或者利害关系人依照本法第 13 条规定请求宣告注册商标无效的，商标评审委员会应当对请求保护的商标的驰名情况作出认定。属于驰名商标，且被请求宣告无效的商标存在本法第 13 条第 2 款、第 3 款规定情形的，商标评审委员会应当宣告该注册商标无效。

(4)在商标民事、行政案件审理过程中，当事人依照本法第13条规定请求认定对方当事人侵权，或者请求宣告对方当事人的注册商标无效的，人民法院根据审理案件的需要，可以对请求保护的商标的驰名情况作出认定。属于驰名商标，且对方当事人的商标存在本法第13条第2款、第3款规定情形的，人民法院应当宣告禁止对方继续使用该商标，或者宣告对方当事人的注册商标无效。应当注意的是，只有最高人民法院指定的人民法院才能对商标驰名情况作出认定。

关联法规

《商标法实施条例》第3、72条；《驰名商标认定和保护规定》第9、13条；《商标一般违法判断标准》第3、17条

第十五条 【禁止恶意抢注】未经授权，代理人或者代表人以自己的名义将被代理人或者被代表人的商标进行注册，被代理人或者被代表人提出异议的，不予注册并禁止使用。

就同一种商品或者类似商品申请注册的商标与他人在先使用的未注册商标相同或者近似，申请人与该他人具有前款规定以外的合同、业务往来关系或者其他关系而明知该他人商标存在，该他人提出异议的，不予注册。

条文注释

本条是关于禁止恶意抢先注册他人商标的规定。

本条第1款所称代理人和代表人，既包括为被代理人和被代表人办理商标事务的人，也包括为被代理人和被代表人办理其他事务(如生产加工、营销管理活动)的人。代理人和代表人从事代理和代表活动，应当为被代理人和被代表人的利益最大化服务，不得从事与被代理人和被代表人的利益相冲突的活动。这一要求反映在商标上，就要求代理人和代表人未经授权不得以自己的名义将被代理人或者被代表人的商标进行注册。

本条第2款的适用条件是：(1)申请人就同一种商品或者类似商品申请注册的商标与他人在先使用的未注册商标相同或者近似。

如果申请人与在先使用人在不相同、不相类似的商品上申请注册该商标,则不受本款规定的限制。(2)申请人与该他人具有代理和代表关系以外的合同、业务往来关系或者其他关系而明知该他人商标存在。这一要求的核心是申请人明知他人在先使用该商标,具体可以通过合同、业务往来等关系表明其“明知”。“其他关系”是一项兜底条款,可以根据实践需要作出具体规定。

关联法规

《商标法实施条例》第 24 条;《商标代理监督管理规定》第 15、30、36 条;《规范商标申请注册行为若干规定》第 3、4 条;《商标一般违法判断标准》第 33 条

第十六条 【地理标志】商标中有商品的地理标志,而该商品并非来源于该标志所标示的地区,误导公众的,不予注册并禁止使用;但是,已经善意取得注册的继续有效。

前款所称地理标志,是指标示某商品来源于某地区,该商品的特定质量、信誉或者其他特征,主要由该地区的自然因素或者人文因素所决定的标志。

条文注释

本条是关于地理标志的定义及含有地理标志的商标注册和使用管理的规定。

地理标志具有以下特征:(1)地理标志是实际存在的地理名称,而不是臆造出来的;(2)使用地理标志的商品,其真实产地必须是该地理标志所标示的地区,而不是其他地区;(3)只有该地理标志所标示的地区的生产、经营者才能在其商品上使用该地理标志;(4)使用地理标志的商品必须具有特定质量、信誉或者其他特征,而且其特定质量、信誉或者其他特征主要由该地区的自然因素或者人文因素所决定;(5)地理标志不是商标,不具有独占性,不能转让。

关联法规

《商标法实施条例》第 4、24、52 条;《集体商标、证明商标注册和管理办法》第 12 条;《集体商标、证明商标注册和管理规定》第 8 条

第十七条 【外国人或者外国企业在我国申请商标注册的原则】外国人或者外国企业在中国申请商标注册的,应当按其所属国和中华人民共和国签订的协议或者共同参加的国际条约办理,或者按对等原则办理。

条文注释

本条是关于外国人或者外国企业在我国申请商标注册应遵循的原则的规定。

1. 按其所属国和中华人民共和国签订的协议办理

如果在我国申请商标注册的外国人或者外国企业的所属国不是《保护工业产权巴黎公约》和《与贸易有关的知识产权协定》的成员国,但是与我国签订了商标保护协议的,按协议办理。

2. 按其所属国和中华人民共和国共同参加的国际条约办理

涉及外国人或者外国企业申请商标注册的国际条约主要有《保护工业产权巴黎公约》和《与贸易有关的知识产权协定》,目前我国是这两个国际条约的成员国。这两个国际条约的其他成员国国民在我国申请商标注册享有与我国国民同等的权利,我国国民到这两个国际条约的其他成员国申请商标注册也享有与该成员国国民同等的权利。

3. 按对等原则办理

如果在我国申请商标注册的外国人或者外国企业的所属国不是《保护工业产权巴黎公约》和《与贸易有关的知识产权协定》的成员国,没有与我国共同参加的国际条约,也没有与我国签订商标保护协议,则应当按照对等原则办理。也就是说,如果该国的法律给予了我国个人、企业商标注册保护,我国也应当给予该国的个人、企业同等的商标注册保护。

第十八条 【商标代理】申请商标注册或者办理其他商标事宜,可以自行办理,也可以委托依法设立的商标代理机构办理。

外国人或者外国企业在中国申请商标注册和办理其他商标事宜的,应当委托依法设立的商标代理机构办理。

条文注释

本条是关于商标代理的规定。

商标代理,是指商标代理机构接受委托人的委托,以委托人的名义办理商标注册申请及其他有关商标事宜。商标代理是国际通行规则,适用民法关于代理的规定。

商标代理机构,是指接受委托人的委托,以委托人的名义办理商标注册申请或者其他商标事宜的法律服务机构。代理机构只要符合法律法规规定的条件,就可以以商标代理机构的名义从事商标代理业务,而不需要经过商标行政管理部门的审查和批准。目前,商标代理机构主要有两类:一类是在其工商登记的经营范围中注明包含商标代理业务的法人或者其他组织;另一类是依法设立的律师事务所。商标代理机构可以接受委托人的委托,为其办理下列代理业务:(1)申请商标注册事宜;(2)办理其他商标事宜,主要包括办理商标变更、续展、转让、异议、撤销、评审、侵权投诉等有关事项,以及提供商标法律咨询、担任商标法律顾问等。

外国人或者外国企业在我国申请商标注册和办理其他商标事宜,应当委托依法设立的商标代理机构办理,这是强制性规定。我国公民、企业申请商标注册或者办理其他商标事宜,可以自行办理,也可以委托依法设立的商标代理机构办理。其中,自行办理既包括亲自办理,也包括委托商标代理机构以外的主体代为办理。也就是说,对我国公民、企业申请商标注册或者办理其他商标事宜,法律并未强制要求委托依法设立的商标代理机构办理。

关联法规

《商标法实施条例》第5、9条

第十九条 【商标代理机构的行为规范】商标代理机构应当遵循诚实信用原则，遵守法律、行政法规，按照被代理人的委托办理商标注册申请或者其他商标事宜；对在代理过程中知悉的被代理人的商业秘密，负有保密义务。

委托人申请注册的商标可能存在本法规定不得注册情形的，商标代理机构应当明确告知委托人。

商标代理机构知道或者应当知道委托人申请注册的商标属于本法第四条、第十五条和第三十二条规定情形的，不得接受其委托。

商标代理机构除对其代理服务申请商标注册外，不得申请注册其他商标。

条文注释

本条是关于商标代理机构的行为规范的规定。

委托人申请注册的商标可能存在本法规定不得注册情形的，商标代理机构应当明确告知委托人。本法规定不得注册的情形，既包括本法第10～12条规定的违反绝对拒绝注册理由的情形（即商标标识不得作为商标注册或者使用的情形），也包括违反本法第13条第2款和第3款、第15条、第16条第1款、第30～32条规定的违反相对拒绝注册理由的情形（即存在在先权利的情形）。对于前者，一般情况下，商标代理机构应当知道，并应当明确告知委托人；对于后者，商标代理机构如果知道，应当明确告知委托人。

商标代理机构知道或者应当知道委托人申请注册的商标属于本法第4条、第15条和第32条规定情形的，不得接受其委托。本法第4条、第15条和第32条规定的是恶意注册商标的情形，包括不以使用为目的的恶意商标注册；代理人或者代表人未经授权以自己的名义将被代理人或者被代表人的商标进行注册；因合同、业务往来关系或者其他关系明知他人商标存在而抢先注册；申请注册的商标损害他人现有的在先权利;以不正当手段抢先注册他人已经使用并有一定影响的商标;等等。商标代理机构知道或者应当知道委托人申请注册的商标存在上述恶意的,应当拒绝接受其委托。

关联法规

《商标代理监督管理规定》第30条

第二十条 【商标代理行业组织及会员管理】商标代理行业组织应当按照章程规定,严格执行吸纳会员的条件,对违反行业自律规范的会员实行惩戒。商标代理行业组织对其吸纳的会员和对会员的惩戒情况,应当及时向社会公布。

条文注释

本条是关于商标代理行业组织及其会员管理的规定。

商标代理行业组织是商标代理机构自发成立的行业自律组织。目前,全国性的商标代理行业组织主要是中华商标协会下属的商标代理分会。但是,本法对商标代理行业组织并未限定只此一家,商标代理机构可以成立其他商标代理行业组织。

本条还明确规定,商标代理行业组织对其吸纳的会员和对会员的惩戒情况,应当及时向社会公布。如此规定,一方面有利于同行业、社会公众加强对商标代理行业组织和商标代理机构的监督;另一方面有利于指引委托人选择信誉好的商标代理机构。

第二十一条 【商标国际注册】商标国际注册遵循中华人民共和国缔结或者参加的有关国际条约确立的制度,具体办法由国务院规定。

条文注释

本条是关于商标国际注册的规定。

商标国际注册,是指遵循我国缔结或者参加的有关国际条约确立的制度,在国际上进行商标注册。本条规定了以下两个方面的内容:一是国际商标注册遵循我国缔结或者参加的有关国际条约确立的制度。我国自然人、法人进行商标国际注册,应当遵循我国已经参加以及将来缔结或者参加的有关国际条约确立的制度。经过国际注册的商标可以在有关国际条约的缔约国直接受到法律保护，从而产生与在这些国家逐一进行商标注册相同的法律效力。二是商标国际注册的具体办法由国务院规定。商标国际注册涉及国际条约的履行、当事人权利的保护等一系列问题，本法不可能对此一一作出详尽的规定。为此，本条授权国务院对商标国际注册的具体办法作出规定。

关联法规

《商标法实施条例》第34条

第二章 商标注册的申请

第二十二条 【商标注册申请的提出】商标注册申请人应当按规定的商品分类表填报使用商标的商品类别和商品名称，提出注册申请。

商标注册申请人可以通过一份申请就多个类别的商品申请注册同一商标。

商标注册申请等有关文件，可以以书面方式或者数据电文方式提出。

条文注释

本条是关于商标注册申请人应当如何提出商标注册申请的规定。

为了方便商标注册申请人，本条明确规定申请人可以通过一份申请就多个类别的商品申请注册同一商标；商标注册申请等有关文件，可以以书面方式或者数据电文方式提出。

随着实践中多个类别的商品申请注册同一商标的情况越来越多，为了方便当事人，使其不必根据申请商标所跨商品类别的数量来填写多份申请书，本条对通过一份申请即可就多个类别的商品申请注册同一商标予以了明确。

关联法规

《商标法实施条例》第8、50条

第二十三条 【核定使用范围之外需另行申请】注册商标需要在核定使用范围之外的商品上取得商标专用权的，应当另行提出注册申请。

条文注释

本条是关于注册商标在核定使用范围之外的商品上如何取得商标专用权的规定。

根据本法第56条的规定，注册商标的专用权，以核准注册的商标和核定使用的商品为限。对于注册商标而言，其专用权仅存在于其核定使用的商品上，在未核定使用的商品上，该商标不是注册商标，要想在该商品上取得注册商标专用权，需要另行申请。如果不另行申请就将注册商标在核定使用范围之外的商品上使用，有可能侵犯他人的注册商标专用权。因此，本条规定，注册商标需要在核定使用范围之外的商品上取得商标专用权的，应当另行提出注册申请。另行提出注册申请时，应当遵守本法有关商标申请的规定。

第二十四条 【改变标志需重新注册】注册商标需要改变其标志的，应当重新提出注册申请。

条文注释

本条是关于注册商标改变标志应当重新注册的规定。

商标的主要功能之一是区别商品的来源和服务的提供者。商标经核准注册以后，不应随意变动，否则会直接影响消费者对商品的识别和选择。如果商标注册人需要改变注册商标标志，就意味着其需要使用一个新的商标，故应当经过法定的程序重新取得新的商标专用权。根据本法第8条的规定，商标是一种由文字、图形、字母、数字、三维标志、颜色组合和声音等要素构成的标志，因此本条所指的标志的改变,包括上述各种构成要素的改变。根据本法第 49 条第 1 款的规定,商标注册人在使用注册商标的过程中,自行改变注册商标的,由地方工商行政管理部门责令限期改正;期满不改正的,由商标局撤销其注册商标。

第二十五条 【优先权】商标注册申请人自其商标在外国第一次提出商标注册申请之日起六个月内,又在中国就相同商品以同一商标提出商标注册申请的,依照该外国同中国签订的协议或者共同参加的国际条约,或者按照相互承认优先权的原则,可以享有优先权。

依照前款要求优先权的,应当在提出商标注册申请的时候提出书面声明,并且在三个月内提交第一次提出的商标注册申请文件的副本;未提出书面声明或者逾期未提交商标注册申请文件副本的,视为未要求优先权。

条文注释

本条是关于商标注册申请优先权的规定。

根据本条规定,我国商标注册申请优先权制度的主要内容有:第一,优先权的期限是 6 个月,即商标注册申请人自其商标在外国第一次提出商标注册申请之日起 6 个月内可以享有优先权,若没有在 6 个月内主张优先权,则不可再主张。第二,所主张的商标须是同一商标且就相同商品提出注册申请。如果在中国提出注册申请的商标与其在外国提出注册申请的商标不同,即使申请注册在相同商品上,该商标注册申请人在该商标注册申请上也不享有优先权;如果在中国提出注册申请的商标与其在外国提出注册申请的商标是同一商标,但申请注册的商品不同,该商标注册申请人在该商标注册的申请上也不享有优先权。第三,可以享有优先权的商标注册申请人,其第一次提出商标注册申请的所在国应当与我国签订了涉及优先权的协议,或者该国也参加了我国所参加的规定了优先权的国际条约,或者与我国相互承认优先权。

关联法规

《商标法实施条例》第20条

第二十六条　【国际展览会展出商品上的商标注册申请人享有优先权】商标在中国政府主办的或者承认的国际展览会展出的商品上首次使用的，自该商品展出之日起六个月内，该商标的注册申请人可以享有优先权。

依照前款要求优先权的，应当在提出商标注册申请的时候提出书面声明，并且在三个月内提交展出其商品的展览会名称、在展出商品上使用该商标的证据、展出日期等证明文件；未提出书面声明或者逾期未提交证明文件的，视为未要求优先权。

条文注释

本条是关于国际展览会展出商品上的商标注册申请人享有优先权的规定。

根据本条规定，国际展览会展出商品上的商标注册申请人享有优先权需满足以下几个条件：(1)展览会须为中国政府主办的或者承认的国际展览会；(2)商标须在上述国际展览会展出的商品上首次使用；(3)优先权的期限是自该商品展出之日起6个月内。

特定国际展览会上首次使用的商标的优先权，不是自动产生的，需要商标注册申请人主张。商标注册申请人主张优先权，应遵守以下规定：第一，应以书面声明方式提出；第二，应在提出商标注册申请时提出；第三，需要提交展出其商品的展览会名称、在展出商品上使用该商标的证据、展出日期等证明文件，且须在提出书面声明3个月内提交。如果没有提出要求优先权的书面声明，或者虽然提出了书面声明但没有在提出书面声明3个月内提交上述证明文件，则视为没有要求优先权，即不能将在中国政府主办的或者承认的国际展览会展出的商品上首次使用该商标的日期视为提出注册申请的日期，只能以实际提交注册申请的日期作为提出注册申请的日期。

第二十七条　【申请商标注册的行为规则】为申请商标注册所申报的事项和所提供的材料应当真实、准确、完整。

关联法规

《商标代理监督管理规定》第15条

第三章　商标注册的审查和核准

第二十八条　【初步审定】对申请注册的商标，商标局应当自收到商标注册申请文件之日起九个月内审查完毕，符合本法有关规定的，予以初步审定公告。

条文注释

本条是关于商标局在规定时限内对符合规定的申请注册的商标予以初步审定公告的规定。

1. 初步审定

我国对商标注册申请采取审查原则，商标局在对申请注册的商标进行初步审查时，重点对该商标是否符合本法规定进行审查。本条所指的本法有关规定，主要包括与本法第10～12条等有关的违反绝对拒绝注册理由的规定，以及与本法第30～32条等有关的违反相对拒绝注册理由的规定等。凡不符合本法有关规定或者同他人在同一种商品或者类似商品上已经注册的或者初步审定的商标相同或者近似的，由商标局驳回申请，不予公告。

2. 初步审定公告

对于符合本法规定的商标，商标局予以初步审定公告，是我国商标审查中的必经程序，目的是征求相关经营者和社会公众的意见，以提高商标注册的准确性。根据本法第33条的规定，对初步审定公告的商标，自公告之日起3个月内，在先权利人、利害关系人认为违反本法第13条第2款和第3款、第15条、第16条第1款、第

30～32条规定（即违反相对拒绝注册理由的规定）的，或者任何人认为违反本法第4条、第10～12条、第19条第4款规定（即违反绝对拒绝注册理由的规定）的，可以向商标局提出异议。公告期满无异议的，予以核准注册，发给商标注册证，并予公告。取得商标注册证并经过公告的商标成为注册商标，商标注册人可以根据本法第9条的规定标明“注册商标”或者注册标记。对于仅通过初步审定的商标，商标申请人尚不能在该商标上标明“注册商标”或者注册标记，否则将构成冒充注册商标的行为。

关联法规

《商标法实施条例》第50条

第二十九条　【说明或者修正】在审查过程中，商标局认为商标注册申请内容需要说明或者修正的，可以要求申请人做出说明或者修正。申请人未做出说明或者修正的，不影响商标局做出审查决定。

条文注释

本条是关于商标局可以要求申请人做出说明或者修正的规定。

采用要求当事人做出说明或者修正的方式，可以区分通过说明或者修正能够予以初步审定公告的商标和即使进行说明或者修正之后仍然不能予以初步审定公告的商标。要求申请人做出说明或者修正，对于通过说明或者修正能够予以初步审定公告的商标，可以省略商标局驳回申请、当事人重新申请的过程。因此，这一做法不仅能极大地方便当事人，商标局也能相应地提高商标审查的效率。需要注意的是，这里所指的对商标注册申请内容的说明或者修正，不能超出原有的申请范围，即对商标标志的修正不能是实质性的变更，对申请注册商标所适用的商品范围也不能扩大。

关联法规

《商标法实施条例》第23条

第三十条 【驳回申请】申请注册的商标,凡不符合本法有关规定或者同他人在同一种商品或者类似商品上已经注册的或者初步审定的商标相同或者近似的,由商标局驳回申请,不予公告。

条文注释

本条是关于商标局驳回商标注册申请的规定。

商标局在出现以下情形时可以驳回商标注册申请:

(1)申请注册的商标不符合本法有关规定。这里所指的本法有关规定,主要包括本法第10~12条等规定。不符合本法关于商标注册的规定,应当驳回其商标注册申请。

(2)申请注册的商标同他人在同一种商品或者类似商品上已经注册的或者初步审定的商标相同或者近似。同一种商品,是指名称相同的商品,或者名称虽然不相同,但指同一事物或者内容的商品。类似商品,是指在功能、用途等方面相同或基本相同的商品。在我国商标注册、管理实践中,商标审查员通常以商品分类表为参考来对同一种商品或者类似商品进行认定。需要注意的是,商品分类表不是判断商品或者服务是否类似的标准,而是方便申请人进行填报以及方便商标局进行审查的一个参考工具。相同的商标,是指商标的构成要素完全相同或者基本相同。商标近似,是指商标的构成要素虽不完全相同,但其要素或者要素组合与比对商标近似,易使相关公众对商品的来源产生误认或者认为其与比对商标有特定联系。商标相同和近似,应从商标本身的形、音、义和整体表现形式等方面进行判定,以相关公众的一般注意力为标准,采取整体观察与比对主要部分的方法,判断商标标志本身是否相同或者近似。

关联法规

《商标法实施条例》第24条;《商标评审规则》第27条

第三十一条 【申请在先原则】两个或者两个以上的商标注册申请人,在同一种商品或者类似商品上,以相同或者近似的商标申请注册的，初步审定并公告申请在先的商标；同一天申请的，初步审定并公告使用在先的商标，驳回其他人的申请，不予公告。

条文注释

本条是关于申请在先原则的规定。

按照本条规定，我国对商标注册实行申请在先的原则，即两个或者两个以上的申请人在同一种商品或类似商品上申请相同或者近似商标时，应当初步审定并公告申请在先的商标。申请是否在先，根据商标局收到申请文件的日期来判断。当申请日期是同一天时，根据申请在先原则无法判断应初审公告哪一个商标，为了解决同一天申请商标注册的这一特殊情况，本条规定了申请在先原则的补充原则——使用在先原则，即当两个或者两个以上的商标注册申请人，以相同或者近似的商标于同一天在同一种商品或者类似商品上申请注册的，应当初步审定并公告使用在先的商标。

关联法规

《商标法实施条例》第24、50条；《商标评审规则》第27条

第三十二条 【保护在先权利和禁止恶意抢注】 申请商标注册不得损害他人现有的在先权利，也不得以不正当手段抢先注册他人已经使用并有一定影响的商标。

条文注释

本条是关于保护在先权利和禁止恶意抢注的规定。

他人现有的在先权利，是指在商标注册申请人提出商标注册申请之前他人已经取得的权利，如外观设计专利权、著作权、企业名称权等。商标权容易与这些权利发生冲突，所以本条规定申请商标注册不得损害他人现有的在先权利，即不得将他人已获得权利的外观设计等作为商标申请注册。

抢注他人商标，是指将他人已经使用，并在消费者中已产生一

定影响但未申请注册的商标抢先以自己的名义申请注册。这种行为违反了诚实信用原则,扰乱了社会经济秩序,是一种恶意行为,对其应予制止。理解本条需要注意以下两点:(1)不得以不正当手段抢先注册他人使用在先的商标,即抢注行为是一种恶意行为。(2)本条规定不涉及所有使用在先的商标,只涉及有一定影响的商标。总之,不得恶意抢注他人使用在先并有一定影响的商标。

关联法规

《商标法实施条例》第24条;《商标代理监督管理规定》第15条;《规范商标申请注册行为若干规定》第3、4条;《商标一般违法判断标准》第33条

第三十三条　【商标异议程序和核准注册】对初步审定公告的商标,自公告之日起三个月内,在先权利人、利害关系人认为违反本法第十三条第二款和第三款、第十五条、第十六条第一款、第三十条、第三十一条、第三十二条规定的,或者任何人认为违反本法第四条、第十条、第十一条、第十二条、第十九条第四款规定的,可以向商标局提出异议。公告期满无异议的,予以核准注册,发给商标注册证,并予公告。

条文注释

本条是关于商标异议程序和核准注册的规定。

根据本条规定,对于可能违反本法第13条第2款和第3款、第15条、第16条第1款、第30~32条规定的初步审定公告的商标,仅能由在先权利人或者利害关系人提出异议。但是,对于可能违反本法第4条、第10~12条、第19条第4款规定的初步审定公告的商标,任何人都可以提出异议。

关联法规

《商标法实施条例》第26、45条;《驰名商标认定和保护规定》第5条

第三十四条　【对驳回申请、不予公告的救济程序】对驳回申请、不予公告的商标，商标局应当书面通知商标注册申请人。商标注册申请人不服的，可以自收到通知之日起十五日内向商标评审委员会申请复审。商标评审委员会应当自收到申请之日起九个月内做出决定，并书面通知申请人。有特殊情况需要延长的，经国务院工商行政管理部门批准，可以延长三个月。当事人对商标评审委员会的决定不服的，可以自收到通知之日起三十日内向人民法院起诉。

条文注释

本条是关于对驳回申请、不予公告的商标的救济程序的规定。

根据本条规定，对商标驳回申请进行复审的基础审查时限为9个月。如果有特殊情况，商标评审委员会无法在9个月内做出复审决定，可以在前述9个月的基础上延长3个月，但必须经国务院工商行政管理部门批准，不能由商标评审委员会自行延长。

关联法规

《商标法实施条例》第51条；《商标评审规则》第2条

第三十五条　【商标异议的处理程序】对初步审定公告的商标提出异议的，商标局应当听取异议人和被异议人陈述事实和理由，经调查核实后，自公告期满之日起十二个月内做出是否准予注册的决定，并书面通知异议人和被异议人。有特殊情况需要延长的，经国务院工商行政管理部门批准，可以延长六个月。

商标局做出准予注册决定的，发给商标注册证，并予公告。异议人不服的，可以依照本法第四十四条、第四十五条的规定向商标评审委员会请求宣告该注册商标无效。

商标局做出不予注册决定，被异议人不服的，可以自收到通知之日起十五日内向商标评审委员会申请复审。商标评审委员会应当自收到申请之日起十二个月内做出复审决定，并书面通知异议人和被异议人。有特殊情况需要延长的，经国务院工商行政管理部门批准，可以延长六个月。被异议人对商标评审委员会的决定不服的，可以自收到通知之日起三十日内向人民法院起诉。人民法院应当通知异议人作为第三人参加诉讼。

商标评审委员会在依照前款规定进行复审的过程中，所涉及的在先权利的确定必须以人民法院正在审理或者行政机关正在处理的另一案件的结果为依据的，可以中止审查。中止原因消除后，应当恢复审查程序。

条文注释

本条是关于商标异议的处理程序的规定。

根据本条规定，商标异议的处理程序如下：(1)商标局听取异议人和被异议人陈述事实和理由，经调查核实后，自公告期满之日起12个月内做出是否准予注册的决定，并书面通知异议人和被异议人。(2)商标局做出准予注册决定的，发给商标注册申请人商标注册证，并予公告。异议人对此不服的，可以依照本法第44条、第45条的规定向商标评审委员会请求宣告该注册商标无效，不能向商标评审委员会申请复审。(3)商标局做出不予注册决定，被异议人不服的，可以自收到通知之日起15日内向商标评审委员会申请复审。商标评审委员会应当自收到申请之日起12个月内做出复审决定，并书面通知异议人和被异议人。(4)商标评审委员会维持商标局的不予注册决定，被异议人不服的，可以自收到通知之日起30日内向人民法院提起诉讼。人民法院应当通知异议人作为第三人参加诉讼。(5)商标评审委员会经复审认为对被异议商标应当准予注册，异议人不服的，只能依据本法第44条、第45条的规定通过无效宣告程序解决。

之所以规定异议审查时限和不予注册决定复审审查时限，主要目的是提高商标审查的效率，规范行政行为。(1)商标局对商标异议进行调查核实的基础审查时限为12个月，如果有特殊情况，商标局无法在12个月内做出是否准予注册的决定，可以在前述12个月的基础上延长6个月，但必须经国务院工商行政管理部门批准，不能由商标局自行延长。(2)商标评审委员会对不予注册决定进行复审的审查时限为12个月，如果有特殊情况，商标评审委员会无法在12个月内做出复审决定，可以在前述12个月的基础上延长6个月，但必须经国务院工商行政管理部门批准，不能由商标评审委员会自行延长。

关联法规

《商标法实施条例》第28、36、50、51条；《商标评审规则》第2、31条；《驰名商标认定和保护规定》第10条

第三十六条　【决定的生效时间、专用权取得时间及其效力】法定期限届满，当事人对商标局做出的驳回申请决定、不予注册决定不申请复审或者对商标评审委员会做出的复审决定不向人民法院起诉的，驳回申请决定、不予注册决定或者复审决定生效。

经审查异议不成立而准予注册的商标，商标注册申请人取得商标专用权的时间自初步审定公告三个月期满之日起计算。自该商标公告期满之日起至准予注册决定做出前，对他人在同一种或者类似商品上使用与该商标相同或者近似的标志的行为不具有追溯力；但是，因该使用人的恶意给商标注册人造成的损失，应当给予赔偿。

条文注释

本条是关于商标局、商标评审委员会所做出决定的生效时间，以及经审查异议不成立而准予注册商标的商标专用权生效时间和效力的规定。

对于在3个月的公告期内被提出异议的初步审定公告商标，商

标局需要根据本法第35条的规定对异议进行调查核实,法定基础审查时限是12个月,有特殊情况的,经批准可以延长6个月。在异议不成立的情况下,申请人的商标权本应在3个月的公告期满即核准注册,但因有人提出异议而被动地拖延了。因此,本条在确定商标权取得时间时,对于异议不成立的,不是将异议调查结束后准予注册的时间作为商标专用权的取得时间,而是将初步审定公告3个月期满的时间作为商标专用权的取得时间,即自初步审定公告3个月期满之日起该商标注册申请人即对该商标享有商标专用权,这样更有利于对商标权人的保护。

根据本条第2款规定,经审查异议不成立而准予注册的商标,商标注册申请人取得商标专用权的时间自初步审定公告3个月期满之日起计算。自该商标公告期满之日起至准予注册决定做出前,对他人在同一种或者类似商品上使用与该商标相同或者近似的标志的行为不具有追溯力。但是,如果使用人对该商标进行恶意使用,给商标注册人造成了损失,不要求该恶意使用人对商标注册人进行赔偿是不公平的。因此,本条在前述有关不具有追溯力的规定的基础上,规定因使用人的恶意给商标注册人造成的损失,应当给予赔偿。

关联法规

《商标法实施条例》第28条

第三十七条 【及时审查】对商标注册申请和商标复审申请应当及时进行审查。

条文注释

本条是关于商标局、商标评审委员会应当对有关申请及时进行审查的规定。

本条规定是对商标局、商标评审委员会在审查的及时性方面提出的要求,目的是使商标局、商标评审委员会对商标注册申请和商标复审申请及时进行审查,以保护商标注册申请人及其他有关当事人的利益。

第三十八条　【更正】商标注册申请人或者注册人发现商标申请文件或者注册文件有明显错误的,可以申请更正。商标局依法在其职权范围内作出更正,并通知当事人。

前款所称更正错误不涉及商标申请文件或者注册文件的实质性内容。

条文注释

本条是关于商标注册申请人或者注册人发现商标申请文件或者注册文件有明显错误的,可以申请更正的规定。

(1)申请更正的主体,可以是商标注册申请人,也可以是注册人。即无论是在商标注册申请过程中,还是在商标被核准注册后,商标注册申请人或者注册人都可以申请更正。申请更正的原因,是商标申请文件或者注册文件有明显错误,例如将商标注册申请人或者注册人的地址写错、商标的名称写得不准确等。

(2)进行更正的主体是商标局,即商标注册申请人或者注册人应当向商标局提出更正申请,商标局依法在其职权范围内作出更正,并通知当事人。

(3)这种更正不能涉及商标申请文件或者注册文件的实质性内容。如果涉及商标申请文件或者注册文件实质性内容的更正,比如对商标构成要素进行更正,实际上是将原商标变成一个新的商标。因此,在商标申请文件或者注册文件存在实质性内容更正的情况下应当重新提出商标注册申请,申请日期不能沿用原来商标申请的日期。

关联法规

《商标法实施条例》第29条

第四章　注册商标的续展、变更、转让和使用许可

第三十九条　【有效期】注册商标的有效期为十年，自核准注册之日起计算。

条文注释

本条是关于注册商标有效期的规定。

在实行商标注册制的国家，商标专用权是通过商标注册取得的，注册商标的有效期有严格的时间界限。商标权作为知识产权的一种，具有专有性、地域性和时间性等特征。商标权的时间性，是指商标经商标注册机关核准后，在正常使用的情况下，可以在法定期间内受到法律保护。这一法定期间又称注册商标的保护期、有效期。有效期届满后，商标权人如果希望继续使用注册商标并使之得到法律保护，则需要按照法定程序进行续展注册。如果未发生宣告注册商标无效或者撤销注册商标的情况，商标注册人只要按照法定程序进行续展注册，就可以将注册商标无限期地保护下去。在这一点上，商标权与同属知识产权的专利权和著作权有所不同。

关联法规

《商标法实施条例》第 12 条

第四十条　【续展】注册商标有效期满，需要继续使用的，商标注册人应当在期满前十二个月内按照规定办理续展手续；在此期间未能办理的，可以给予六个月的宽展期。每次续展注册的有效期为十年，自该商标上一届有效期满次日起计算。期满未办理续展手续的，注销其注册商标。

商标局应当对续展注册的商标予以公告。

条文注释

本条是关于办理商标续展手续的规定。

为更好地保护商标注册人的权益，方便其办理续展手续，本法规定注册商标有效期满，需要继续使用的，商标注册人应当在期满前12个月内按照规定办理续展手续。商标注册人只要在法定期限内按照规定办理了提交有效商标注册证、缴纳相关费用等手续后，商标局就应当予以续展。规定办理商标续展的期限为期满前12个月，不仅可以使商标注册人更加从容地办理续展手续，也有助于解决实践中由于办理商标续展的时间较长，在商标有效期满时该商标仍未获得续展，从而给商标注册人正常使用商标造成不便（如无法通过注册商标海关备案阻止侵犯商标专用权的商品的进出口）等问题。

续展注册的商标，由商标局予以公告。商标续展注册连续不断，商标专用权可以成为一种“长久权”。

关联法规

《商标法实施条例》第12条

第四十一条　【变更】注册商标需要变更注册人的名义、地址或者其他注册事项的，应当提出变更申请。

条文注释

本条是关于注册商标变更的规定。

已经注册了商标的企业、事业单位，由于机制转换、体制改革、资产重组，引起了企业、事业单位名称的改变，使用新名称的单位或者个人应当向商标局申请变更自己为商标注册人，使自己成为合法的商标注册人，依法享有商标专用权，不致因为未作变更而使其商标专用权得不到保护。商标注册人的地址和其他已经进行注册的事项，如果发生改变，需要向商标局申请变更相应的注册事项。因为注册事项反映了一定的权利和义务，与一定的法律关系相联系，所以已经进行了注册的事项一旦发生改变，就应当依法办理变更手续。

第四十二条　【转让】转让注册商标的，转让人和受让人应当签订转让协议，并共同向商标局提出申请。受让人应当保证使用该注册商标的商品质量。

转让注册商标的，商标注册人对其在同一种商品上注册的近似的商标，或者在类似商品上注册的相同或者近似的商标，应当一并转让。

对容易导致混淆或者有其他不良影响的转让，商标局不予核准，书面通知申请人并说明理由。

转让注册商标经核准后，予以公告。受让人自公告之日起享有商标专用权。

条文注释

本条是关于注册商标转让的规定。

注册商标转让，是指注册商标所有人在法律允许的范围内，将其注册商标转让给他人所有。转让注册商标后注册商标的主体发生变更，经过转让后的商标所有人不再是原商标注册人。转让注册商标与变更商标注册人名称有所不同，后者注册商标的主体并不发生改变，只是商标注册人的名称发生了变化。

需要注意的是，如果商标转让可能引起消费者对不同厂家的商品的来源产生混淆或导致商品的质量下降，或者商标转让有损第三人或社会公众的利益，则应予禁止。按照本条规定，受让人应当保证使用该注册商标的商品质量。为了防止因注册商标转让导致消费者对商品来源产生混淆以及他人或者公共利益受到损害，本法对转让注册商标还作了以下两项规定：一是要求商标注册人对其在同一种商品上注册的近似的商标，或者在类似商品上注册的相同或者近似的商标，应当一并转让。二是对容易导致混淆或者有其他不良影响的转让，商标局不予核准。

关联法规

《商标法实施条例》第 50 条

第四十三条 【使用许可】商标注册人可以通过签订商标使用许可合同,许可他人使用其注册商标。许可人应当监督被许可人使用其注册商标的商品质量。被许可人应当保证使用该注册商标的商品质量。

经许可使用他人注册商标的,必须在使用该注册商标的商品上标明被许可人的名称和商品产地。

许可他人使用其注册商标的,许可人应当将其商标使用许可报商标局备案,由商标局公告。商标使用许可未经备案不得对抗善意第三人。

条文注释

本条是关于注册商标使用许可的规定。

注册商标使用许可,是指商标权人将其所有的注册商标使用权分离出一部分许可他人有偿使用或全部许可他人有偿使用。商标权人为许可人,使用商标的一方为被许可人。商标使用许可不同于商标转让,商标转让的结果是原商标注册人丧失了商标的所有权,而商标使用许可不发生商标所有权转移的问题。商标使用许可有利于更好地发挥商标促进商品生产和流通的作用,也是商标权人充分行使其权利的表现。

一方面,商标使用许可分为独占使用许可、排他使用许可和普通使用许可。独占使用许可,是指商标注册人在约定的期间、地域,以约定的方式,将该注册商标仅许可一个被许可人使用,商标注册人依约定不得使用该注册商标。排他使用许可,是指商标注册人在约定的期间、地域,以约定的方式,将该注册商标仅许可一个被许可人使用,商标注册人依约定可以使用该注册商标,但不得另行许可他人使用该注册商标。普通使用许可,是指商标注册人在约定的期间、地域,以约定的方式,许可他人使用其注册商标,并可自行使用该注册商标,同时还可以另行许可他人使用该注册商标。另一方面,商标使用许可分为完全使用许可和部分使用许可。完全使用许可,是指被许可人依约定可以在该注册商标核定使用的所有商品上使用该商标。部分使用许可，是指被许可人只能依约定在该注册商标核定使用的部分商品上使用该商标。

按照本条规定，商标注册人许可他人使用其注册商标，应当将该商标使用许可报商标局备案，由商标局公告。当事人向商标局报送有关商标使用许可的情况，如被许可使用的商标的情况、许可人、被许可人、许可范围等，不再提交商标使用许可合同，主要是出于保护相关当事人商业秘密的考虑。针对实践中存在多个具有独占或者排他性质的商标使用许可，被许可人之间的权利范围存在交叉冲突的情况，本法规定“商标使用许可未经备案不得对抗善意第三人”。也就是说，经商标局备案的商标使用许可的被许可人，可以对抗其他未经商标局备案的被许可人；未经商标局备案的商标使用许可的被许可人，不得对抗其他善意的被许可人。

关联法规

《商标法实施条例》第 71 条；《商标一般违法判断标准》第 3 条

第五章　注册商标的无效宣告

第四十四条　【违反绝对拒绝注册理由的无效宣告程序】 已经注册的商标，违反本法第四条、第十条、第十一条、第十二条、第十九条第四款规定的，或者是以欺骗手段或者其他不正当手段取得注册的，由商标局宣告该注册商标无效；其他单位或者个人可以请求商标评审委员会宣告该注册商标无效。

商标局做出宣告注册商标无效的决定，应当书面通知当事人。当事人对商标局的决定不服的，可以自收到通知之日起十五日内向商标评审委员会申请复审。商标评审委员会应当自收到申请之日起九个月内做出决定，并书面通知当事人。有特殊情况需要延长的，经国务院工商行政管理部门批准，可以延长三个月。当事人对商标评审委员会的决定不服的，可以自收到通知之日起三十日内向人民法院起诉。

其他单位或者个人请求商标评审委员会宣告注册商标无效的，商标评审委员会收到申请后，应当书面通知有关当事人，并限期提出答辩。商标评审委员会应当自收到申请之日起九个月内做出维持注册商标或者宣告注册商标无效的裁定，并书面通知当事人。有特殊情况需要延长的，经国务院工商行政管理部门批准，可以延长三个月。当事人对商标评审委员会的裁定不服的，可以自收到通知之日起三十日内向人民法院起诉。人民法院应当通知商标裁定程序的对方当事人作为第三人参加诉讼。

条文注释

本条是关于对违反本法有关不得作为商标使用、注册规定的注册商标和以欺骗手段或者其他不正当手段取得注册商标的处理规定。

本法第4条规定“不以使用为目的的恶意商标注册申请，应当予以驳回”，旨在规范商标的注册申请行为，从源头上遏制商标恶意抢注，维护商标实际使用人的合法权益。第10条规定了不得作为商标使用的标志，即该条所列举的标志不仅不能作为商标注册，而且不能作为商标使用，主要是出于维护社会公共利益方面的考虑。第11条规定了不得作为商标注册的标志，即该条所列举的标志因缺乏显著特征不得作为商标注册，但可以作为未注册商标使用，并且如果该类标志经过使用取得显著特征并便于识别的，则可以作为商标予以注册。第12条规定了不得作为商标注册的三维标志，即仅由商品自身的性质产生的形状、为获得技术效果而需有的商品形状或者使商品具有实质性价值的形状不得注册，主要是出于促进公平竞争、推动技术进步方面的考虑。第19条第4款规定了商标代理机构除对其代理服务申请商标注册外，不得申请注册其他商标，主要是为了防止商标代理机构利用其业务上的优势，自己恶意抢注他人商标牟取利益。

此外，无论是对商标评审委员会做出的宣告注册商标无效的复审决定不服提起的诉讼，还是对商标评审委员会做出的宣告注册商标无效的裁定不服提起的诉讼，都属于行政诉讼。按照《行政诉讼法》的规定，公民、法人或者其他组织认为行政机关和行政机关工作人员的具体行政行为侵犯其合法权益的，有权依照《行政诉讼法》的规定向人民法院提起诉讼。本法第 2 条第 2 款规定，国务院工商行政管理部门设立商标评审委员会，负责处理商标争议事宜。商标评审委员会属于行政主体，其所做出有关注册商标无效宣告的决定或者裁定属于具体行政行为。因此，当事人可以依法在收到商标评审委员会有关复审决定或者裁定的通知之日起 30 日内向人民法院提起行政诉讼。人民法院经审理认为商标评审委员会的复审决定或者裁定正确的，应当予以维持；维持宣告注册商标无效的决定或者裁定的，应当移交商标局办理注销手续。

关联法规

《商标法实施条例》第 49、51、54、55 条；《商标评审规则》第 2 条；《规范商标申请注册行为若干规定》第 7 条；《商标一般违法判断标准》第 33 条

第四十五条 【违反相对拒绝注册理由的无效宣告程序】 已经注册的商标，违反本法第十三条第二款和第三款、第十五条、第十六条第一款、第三十条、第三十一条、第三十二条规定的，自商标注册之日起五年内，在先权利人或者利害关系人可以请求商标评审委员会宣告该注册商标无效。对恶意注册的，驰名商标所有人不受五年的时间限制。

商标评审委员会收到宣告注册商标无效的申请后，应当书面通知有关当事人，并限期提出答辩。商标评审委员会应当自

收到申请之日起十二个月内做出维持注册商标或者宣告注册商标无效的裁定,并书面通知当事人。有特殊情况需要延长的,经国务院工商行政管理部门批准,可以延长六个月。当事人对商标评审委员会的裁定不服的,可以自收到通知之日起三十日内向人民法院起诉。人民法院应当通知商标裁定程序的对方当事人作为第三人参加诉讼。

商标评审委员会在依照前款规定对无效宣告请求进行审查的过程中,所涉及的在先权利的确定必须以人民法院正在审理或者行政机关正在处理的另一案件的结果为依据的,可以中止审查。中止原因消除后,应当恢复审查程序。

条文注释

本条是关于违反本法有关商标注册不得与他人在先权利相冲突规定的注册商标的处理规定以及商标评审委员会中止审查程序的规定。

由于本条规定的违法注册商标主要涉及民事权益争议的内容,因此本法并未赋予商标局直接宣告上述注册商标无效的职权,而是规定在先权利人或者利害关系人可以自商标注册之日起5年内,向商标评审委员会请求宣告该注册商标无效。对恶意注册驰名商标的,驰名商标所有人还可以无限期追究,不受5年的时间限制。

关联法规

《商标法实施条例》第49、51、54条;《商标评审规则》第31条

第四十六条　【无效审查决定、裁定的生效】法定期限届满,当事人对商标局宣告注册商标无效的决定不申请复审或者对商标评审委员会的复审决定、维持注册商标或者宣告注册商标无效的裁定不向人民法院起诉的,商标局的决定或者商标评审委员会的复审决定、裁定生效。

第四十七条 【宣告注册商标无效的法律效力】依照本法第四十四条、第四十五条的规定宣告无效的注册商标，由商标局予以公告，该注册商标专用权视为自始即不存在。

宣告注册商标无效的决定或者裁定，对宣告无效前人民法院做出并已执行的商标侵权案件的判决、裁定、调解书和工商行政管理部门做出并已执行的商标侵权案件的处理决定以及已经履行的商标转让或者使用许可合同不具有追溯力。但是，因商标注册人的恶意给他人造成的损失，应当给予赔偿。

依照前款规定不返还商标侵权赔偿金、商标转让费、商标使用费，明显违反公平原则的，应当全部或者部分返还。

条文注释

本条是关于宣告注册商标无效的法律效力的规定。

本条在第1款中规定宣告注册商标无效具有溯及既往的效力的同时，又在第2款中规定了不具有追溯力的几种情形，包括：(1)宣告注册商标无效前人民法院做出并已执行的商标侵权案件的判决、裁定、调解书。在注册商标被宣告无效前，商标注册人以他人侵犯其注册商标专用权为由，向人民法院提起诉讼，人民法院经审理做出有关商标侵权损害赔偿的判决、裁定、调解书并已执行的，宣告注册商标无效的决定或者裁定，对该项已执行的判决、裁定、调解书不具有溯及力。判决、裁定、调解书中规定的因侵犯商标专用权而给予的商标侵权赔偿金，当事人不得请求返还。(2)宣告注册商标无效前工商行政管理部门做出并已执行的商标侵权案件的处理决定。依照本法规定，因侵犯商标专用权引起的纠纷，当事人可以请求工商行政管理部门处理。对工商行政管理部门所做出的处理决定，当事人已经履行的，或者工商行政管理部门依照《行政强制法》的规定已经申请人民法院强制执行的，其后做出的宣告注册商标无效的决定或者裁定，对该项已执行的行政处理决定不具有溯及力。(3)已经履行的商标转让或者使用许可合同。对因履行商标转让合同而支付的商标转让费或者因履行商标使用许可合同而支付的商标使用费，当事人都不得请求返还。同时，为了保护有关当事人的合法权益，本条中还规定，因商标注册人的恶意给他人造成的损失，应当给予赔偿。

第六章　商标使用的管理

第四十八条　【商标使用】本法所称商标的使用，是指将商标用于商品、商品包装或者容器以及商品交易文书上，或者将商标用于广告宣传、展览以及其他商业活动中，用于识别商品来源的行为。

条文注释

本条是关于商标使用的规定。

按照本条的规定，商标使用是指以识别商品来源为目的将商标用于商业活动的行为。如果不是以识别商品来源为目的使用商标，或者将商标用于非商业活动中，都不构成本法意义上的商标使用。商标使用在形式上表现为将商标用于商品、商品包装或者容器以及商品交易文书上，或者将商标用于广告宣传、展览以及其他商业活动中，但并不限于以上几种情形。对于不属于本条规定的情形，但实质上是以识别商品来源为目的将商标用于商业活动中的行为，应当认定为本法意义上的商标使用。

第四十九条　【注册商标的撤销】商标注册人在使用注册商标的过程中，自行改变注册商标、注册人名义、地址或者其他注册事项的，由地方工商行政管理部门责令限期改正；期满不改正的，由商标局撤销其注册商标。

注册商标成为其核定使用的商品的通用名称或者没有正当理由连续三年不使用的，任何单位或者个人可以向商标局申请撤销该注册商标。商标局应当自收到申请之日起九个月内做出决定。有特殊情况需要延长的,经国务院工商行政管理部门批准,可以延长三个月。

条文注释

本条是关于撤销注册商标的情形的规定。

本条规定了任何单位或者个人可以向商标局申请撤销"成为其核定使用的商品的通用名称"的注册商标。商品的通用名称,是指在某一范围内约定俗成,被特定行业所普遍使用的某一类商品或者服务的名称,具有公用性,为某行业所共同使用。商品的通用名称缺乏显著性,其作为商标起不到区分商品来源的作用。按照本法第9条的规定,申请注册的商标应当有显著特征,便于识别。具有显著特征的商标获得注册后,由于商标所有人宣传不当,其对商标管理不善、保护不力,或者由于其他方面的原因,导致该注册商标逐渐失去显著特征,成为该类商品的通用名称。例如,"热水瓶""尼龙""阿司匹林"等曾经都是商标,后来由于各种原因都转化成了商品的通用名称。注册商标成为其核定使用的商品的通用名称,便丧失了显著特征,不再具备区分商品来源的功能。按照本条规定,对于这类注册商标,任何单位或者个人可以向商标局申请撤销。

注册商标没有正当理由连续3年不使用,该商标不但不会产生价值,发挥商标的功能和作用,而且还会影响到他人注册或使用该商标。本条对这类商标的处理作了规定:一是规定该类商标由商标局依任何单位或者个人的申请予以撤销,商标局不再主动撤销该类商标。二是明确了申请撤销的商标限于"没有正当理由"而不使用的商标。对于有正当理由而连续3年不使用的注册商标,不予撤销。例如,因药品上市审批等原因导致用于药品的注册商标连续3年不使用的,即属于本条规定的"正当理由"。

关联法规

《商标法实施条例》第49、56、65~67条;《商标一般违法判断标准》第3、18~20条

第五十条　【被撤销、被宣告无效或者被注销商标的管理】注册商标被撤销、被宣告无效或者期满不再续展的，自撤销、宣告无效或者注销之日起一年内，商标局对与该商标相同或者近似的商标注册申请，不予核准。

条文注释

本条是关于被撤销、被宣告无效或者被注销商标的管理的规定。

本条规定并不是保护已被撤销、被宣告无效或者被注销的商标的权利，而是出于维护市场秩序和保护消费者利益、防止消费者对商品来源产生混淆的考虑。当一些注册商标被撤销、被宣告无效或者被注销时，由于商品本身的周转期较长和商标声誉在消费者中的影响较大，商标专用权终止或被宣告自始无效时，并不等于该商标在市场上或者在消费者中彻底消失，原商标注册人生产的使用该注册商标的商品并不能立即退出市场，其在流通领域还会存在一定的时间。因此，如果立刻核准其他人注册的与之相同或者近似的商标，就有可能导致市场上同时出现带有相同或者近似商标的商品，从而可能造成消费者的误认、误购。为了防止出现这种情况，维护消费者的利益，对这些已被撤销、被宣告无效或者被注销的商标，也要加强管理。

第五十一条　【违反强制注册的法律责任】违反本法第六条规定的，由地方工商行政管理部门责令限期申请注册，违法经营额五万元以上的，可以处违法经营额百分之二十以下的罚款，没有违法经营额或者违法经营额不足五万元的，可以处一万元以下的罚款。

条文注释

本条是关于违反强制注册的法律责任的规定。

我国商标注册制度在总的原则上实行自愿注册，但对极少数商品规定了必须使用注册商标。本法第6条明确规定，法律、行政法规规定必须使用注册商标的商品，必须申请商标注册，未经核准注册的，不得在市场销售。目前，在我国必须使用注册商标的商品为烟草制品，法律规定烟草制品必须使用注册商标，既有利于对商标注册人实行监督，也有利于对烟草制品进行严格管理。强制使用注册商标，要求商标注册人对强制使用商标的商品负责。本条规定是对本法第6条规定的补充，明确规定了违法者所应承担的法律责任。

第五十二条　【不当使用未注册商标的法律责任】将未注册商标冒充注册商标使用的，或者使用未注册商标违反本法第十条规定的，由地方工商行政管理部门予以制止，限期改正，并可以予以通报，违法经营额五万元以上的，可以处违法经营额百分之二十以下的罚款，没有违法经营额或者违法经营额不足五万元的，可以处一万元以下的罚款。

条文注释

本条是关于不当使用未注册商标的法律责任的规定。

本条规定中的将未注册商标冒充注册商标使用，是指使用未注册商标而标称为注册商标以及擅自在商品上标注“注册商标”或者注册标记的行为。根据本法第9条第2款的规定，商标注册人有权标明“注册商标”或者注册标记，以表明所使用的商标为注册商标，受法律保护。未注册商标在使用时若标称为注册商标，就是对消费者的欺骗，有损商标管理的秩序，因此是法律所禁止的行为。使用未注册商标违反本法第10条规定，是指所使用的未注册商标带有商标禁用标志，故被法律所禁止。

关联法规

《商标一般违法判断标准》第3、22、23条

案例指引

王某永诉深圳歌力思服饰股份有限公司、杭州银泰世纪百货有限公司侵害商标权纠纷案

裁判要点：当事人违反诚实信用原则，损害他人合法权益，扰乱市场正当竞争秩序，恶意取得、行使商标权并主张他人侵权的，人民法院应当以构成权利滥用为由，判决对其诉讼请求不予支持。

第五十三条　【违法使用“驰名商标”字样的法律责任】违反本法第十四条第五款规定的，由地方工商行政管理部门责令改正，处十万元罚款。

第五十四条　【撤销或不予撤销决定的复审】对商标局撤销或者不予撤销注册商标的决定，当事人不服的，可以自收到通知之日起十五日内向商标评审委员会申请复审。商标评审委员会应当自收到申请之日起九个月内做出决定，并书面通知当事人。有特殊情况需要延长的，经国务院工商行政管理部门批准，可以延长三个月。当事人对商标评审委员会的决定不服的，可以自收到通知之日起三十日内向人民法院起诉。

条文注释

本条是关于撤销或者不予撤销注册商标决定的复审的规定。

本条规定了商标评审委员会对撤销或者不予撤销注册商标决定的复审审查时限，即商标评审委员会应当自收到复审申请之日起9个月内做出复审决定；有特殊情况需要延长复审时限的，经国务院工商行政管理部门批准，可以延长3个月。也就是说，商标评审委员会最长应当自收到复审申请之日起12个月内做出复审决定。

关联法规

《商标法实施条例》第51条；《商标评审规则》第2条

第五十五条　【撤销决定的生效及其效力】法定期限届满，当事人对商标局做出的撤销注册商标的决定不申请复审或者对商标评审委员会做出的复审决定不向人民法院起诉的，撤销注册商标的决定、复审决定生效。

被撤销的注册商标，由商标局予以公告，该注册商标专用权自公告之日起终止。

条文注释

本条是关于商标局、商标评审委员会有关撤销注册商标决定的生效以及被撤销的注册商标法律效力终止起始日期的规定。

本法对宣告注册商标无效和撤销注册商标两种情形进行了区分：宣告注册商标无效，法律后果为该注册商标专用权视为自始即不存在；被撤销的注册商标，法律后果为该注册商标专用权自商标局公告之日起终止。

第七章　注册商标专用权的保护

第五十六条　【保护范围】注册商标的专用权，以核准注册的商标和核定使用的商品为限。

条文注释

本条是关于注册商标专用权保护范围的规定。

注册商标的专用权，是指商标注册人在核定使用的商品上专有使用核准注册的商标的权利，是一种法定的权利。本法第3条第1款明确规定，经商标局核准注册的商标为注册商标，包括商品商标、服务商标和集体商标、证明商标；商标注册人享有商标专用权，受法律保护。本条规定正是本法第3条规定具体化的一个表现。它包括以下两层含义：一是注册商标的专用权只在特定的范围即核准注册的商标和核定使用的商品范围内有效；二是在该特定范围内，商标注册人对其注册商标的使用是一种专有使用。换句话说，对注册商标的保护，仅限于核准注册的商标和核定使用的商品范围之内，不得任意改变或者扩大保护范围。

所谓核准注册的商标，是指登载在商标注册簿上的商标，即由商标局注册在案的组成商标的文字、图形、字母、数字、三维标志、颜色组合和声音等以及上述要素的组合。所谓核定使用的商品，是指注册时核准使用的指定商品类别中的具体商品。核准注册的商标和核定使用的商品是确定注册商标专用权保护范围的两个因素，二者必须结合起来，不存在没有确定商品的商标专用权。只有在两个因素同时具备的情况下，商标注册人才享有商标专用权，并且该项权利受法律保护，任何人都不得侵犯。

第五十七条　【商标侵权的情形】有下列行为之一的，均属侵犯注册商标专用权：

（一）未经商标注册人的许可，在同一种商品上使用与其注册商标相同的商标的；

（二）未经商标注册人的许可，在同一种商品上使用与其注册商标近似的商标，或者在类似商品上使用与其注册商标相同或者近似的商标，容易导致混淆的；

（三）销售侵犯注册商标专用权的商品的；

（四）伪造、擅自制造他人注册商标标识或者销售伪造、擅自制造的注册商标标识的；

（五）未经商标注册人同意，更换其注册商标并将该更换商标的商品又投入市场的；

（六）故意为侵犯他人商标专用权行为提供便利条件，帮助他人实施侵犯商标专用权行为的；

（七）给他人的注册商标专用权造成其他损害的。

条文注释

本条是关于侵犯注册商标专用权行为的规定。

侵犯注册商标专用权行为又称商标侵权行为，是指一切损害他人注册商标权益的行为。判断一个行为是否构成侵犯注册商标专用权，主要看其是否具备以下四个要件：一是损害事实的客观存在；二是行为的违法性；三是损害事实是违法行为造成的；四是行为的故意或过失。上述四个要件同时具备，即构成商标侵权行为。本条规定的侵犯注册商标专用权行为主要有以下几类：

(1)未经商标注册人的许可，在同一种商品上使用与其注册商标相同的商标的行为。同一种商品，是指与注册商标核定使用的商品相同的商品；相同的商标，是指在视觉上无差别或差别十分细微的商标。在同一种商品上使用与其注册商标相同的商标是最明显、实践中遇到最多的一种商标侵权行为，法律对这种商标侵权行为明令禁止。商标注册人有权阻止这种非法使用行为，并有权依法追究违法者的法律责任。

(2)未经商标注册人的许可，在同一种商品上使用与其注册商标近似的商标，或者在类似商品上使用与其注册商标相同或者近似的商标，容易导致混淆的行为。此类商标侵权行为的具体表现形式包括以下三种情况：一是在同一种商品上使用与他人的注册商标近似的商标；二是在类似商品上使用与他人的注册商标相同的商标；三是在类似商品上使用与他人的注册商标近似的商标。无论上述哪种形式，都必须以是否“容易导致混淆”作为判断是否构成商标侵权的依据。类似商品，是指在商品的功能、用途、原料、销售渠道、消费对象及生产、经营者等方面与他人的商品具有相似的特征，易使消费者产生误认、误购现象的商品；近似的商标，是指与他人的商标不易辨别，易使消费者产生混同的商标。需要注意的是，容易导致混淆是建立在事实认定基础上的价值判断，应当在具体案件中综合认定。

(3)销售侵犯注册商标专用权的商品的行为。销售侵犯注册商标专用权的商品的行为属于商品流通环节中的一种商标侵权行为。一般来说，侵犯注册商标专用权的商品的生产者主观上是出于故意，但侵犯注册商标专用权的商品的销售者主观上可能是出于故意，也可能并非出于故意。在规定商标侵权行为的赔偿责任时，本法对销售者主观上“不知道”的情形作了例外规定,即在第64条第2款中规定,销售不知道是侵犯注册商标专用权的商品,能证明该商品是自己合法取得并说明提供者的,不承担赔偿责任。

(4)伪造、擅自制造他人注册商标标识或者销售伪造、擅自制造的注册商标标识的行为。所谓伪造,是指未经商标注册人许可,仿照他人注册商标的图样及物质实体,制造出与该注册商标标识相同的商标标识的行为。所谓擅自制造,是指未经商标注册人许可,在商标印制合同规定的印数之外,私自加印商标标识的行为。伪造与擅自制造他人注册商标标志都是未经商标注册人许可的行为,区别在于前者的商标标识本身是假的,而后者的商标标识本身是真的。所谓销售伪造、擅自制造的注册商标标识,是指以伪造和擅自制造的注册商标标识为标的进行买卖,既包括批发也包括零售,既包括内部销售也包括在市场上销售。

(5)未经商标注册人同意,更换其注册商标并将该更换商标的商品又投入市场的行为。国外有的立法例将这种行为称为商标的“反向假冒”而加以禁止和制裁。在我国,这种行为属于侵犯注册商标专用权的行为,应予禁止。

(6)故意为侵犯他人商标专用权行为提供便利条件,帮助他人实施侵犯商标专用权行为的行为。这是一种帮助他人实施商标侵权的辅助侵权行为。辅助侵权行为的归责适用过错责任原则,其构成侵权必须同时具备两个条件:一是主观上须为故意;二是客观上须为侵犯他人商标专用权行为提供便利条件,帮助他人实施侵犯商标专用权行为,如故意为侵犯他人商标专用权行为提供仓储、运输、邮寄、隐匿等便利条件的行为。由于此类行为客观上导致或者加重了商标侵权的后果,因此必须追究辅助侵权者的连带责任。

(7)给他人的注册商标专用权造成其他损害的行为。这是一项兜底性规定,概括上述6项规定所不能包含的其他商标侵权行为。

关联法规

《商标法实施条例》第75、76条;《商标侵权判断标准》第22~26、30、31条

案例指引

成都同德福合川桃片有限公司诉重庆市合川区同德福桃片有限公司、余某华侵害商标权及不正当竞争纠纷案

裁判要点：1. 与“老字号”无历史渊源的个人或企业将“老字号”或与其近似的字号注册为商标后，以“老字号”的历史进行宣传的，应认定为虚假宣传，构成不正当竞争。

2. 与“老字号”具有历史渊源的个人或企业在未违反诚实信用原则的前提下，将“老字号”注册为个体工商户字号或企业名称，未引人误认且未突出使用该字号的，不构成不正当竞争或侵犯注册商标专用权。

第五十八条　【将商标用作企业字号的管理】将他人注册商标、未注册的驰名商标作为企业名称中的字号使用，误导公众，构成不正当竞争行为的，依照《中华人民共和国反不正当竞争法》处理。

条文注释

本条是关于禁止将他人注册商标、未注册的驰名商标作为企业名称中的字号使用的规定，主要是为了通过《反不正当竞争法》来解决企业名称中的字号与商标的权利冲突问题。

企业名称是区别不同市场主体的标志，由行政区划、字号、行业（或经营特点）和组织形式构成，其中字号是企业名称的核心部分，是该企业与其他企业相区别的主要标志。尽管商标和企业字号在性质上并不相同，但二者同属于商业标志的范畴，均在一定程度上起到区别商品和服务来源的作用。实践中，有的人“搭便车”“傍名牌”，借助他人商标的影响力开展自己的经营活动，将他人注册商标、未注册的驰名商标作为企业名称中的字号，误导社会公众，这类

行为本质上属于不正当竞争行为。

第五十九条　【注册商标专用权的限制】注册商标中含有的本商品的通用名称、图形、型号，或者直接表示商品的质量、主要原料、功能、用途、重量、数量及其他特点，或者含有的地名，注册商标专用权人无权禁止他人正当使用。

三维标志注册商标中含有的商品自身的性质产生的形状、为获得技术效果而需有的商品形状或者使商品具有实质性价值的形状，注册商标专用权人无权禁止他人正当使用。

商标注册人申请商标注册前，他人已经在同一种商品或者类似商品上先于商标注册人使用与注册商标相同或者近似并有一定影响的商标的，注册商标专用权人无权禁止该使用人在原使用范围内继续使用该商标，但可以要求其附加适当区别标识。

条文注释

本条是关于注册商标专用权使用限制的规定。

根据本条第1款、第2款规定，下列对商标要素的正当使用情形，注册商标专用权人无权禁止：(1)注册商标中含有的本商品的通用名称、图形、型号，或者直接表示商品的质量、主要原料、功能、用途、重量、数量及其他特点，或者含有的地名，注册商标专用权人无权禁止他人正当使用。(2)三维标志注册商标中含有的商品自身的性质产生的形状、为获得技术效果而需有的商品形状或者使商品具有实质性价值的形状，注册商标专用权人无权禁止他人正当使用。

本条第3款是为了平衡商标在先使用人和注册商标专用权人之间的利益，保护那些已经在市场上具有一定影响但尚未注册的商标所有人的权益而作的规定。本法第32条对恶意抢注他人在先使用并有一定影响的商标作了禁止性规定，即申请商标注册不得损害他人现有的在先权利，也不得以不正当手段抢先注册他人已经使用并有一定影响的商标。依据本条第3款的规定，商标注册人申请商标注册前，他人已经在同一种商品或者类似商品上先于商标注册人使用与注册商标相同或者近似并有一定影响的商标的，该使用人有权在原使用范围内继续使用该商标，而不应被认定为侵犯他人注册商标专用权。

关联法规

《商标法实施条例》第78、79条

案例指引

山东鲁锦实业有限公司诉鄄城县鲁锦工艺品有限责任公司、济宁礼之邦家纺有限公司侵害商标权及不正当竞争纠纷案

裁判要点：判断具有地域性特点的商品通用名称，应当注意从以下方面综合分析：(1)该名称在某一地区或领域约定俗成，长期普遍使用并为相关公众认可；(2)该名称所指代的商品生产工艺经某一地区或领域群众长期共同劳动实践而形成；(3)该名称所指代的商品生产原料在某一地区或领域普遍生产。

第六十条　【商标侵权的处理】有本法第五十七条所列侵犯注册商标专用权行为之一，引起纠纷的，由当事人协商解决；不愿协商或者协商不成的，商标注册人或者利害关系人可以向人民法院起诉，也可以请求工商行政管理部门处理。

工商行政管理部门处理时，认定侵权行为成立的，责令立即停止侵权行为，没收、销毁侵权商品和主要用于制造侵权商品、伪造注册商标标识的工具，违法经营额五万元以上的，可以处违法经营额五倍以下的罚款，没有违法经营额或者违法经营额不足五万元的，可以处二十五万元以下的罚款。对五年内实施两次以上商标侵权行为或者有其他严重情节的，应当从重处罚。销售不知道是侵犯注册商标专用权的商品，能证明该商品

是自己合法取得并说明提供者的,由工商行政管理部门责令停止销售。

对侵犯商标专用权的赔偿数额的争议,当事人可以请求进行处理的工商行政管理部门调解,也可以依照《中华人民共和国民事诉讼法》向人民法院起诉。经工商行政管理部门调解,当事人未达成协议或者调解书生效后不履行的,当事人可以依照《中华人民共和国民事诉讼法》向人民法院起诉。

条文注释

本条是关于侵犯注册商标专用权行为处理的规定。

值得注意的是,根据本法第 57 条第 3 项的规定,销售侵犯注册商标专用权的商品的,无论侵权人是否具有主观上的故意,都属于侵犯注册商标专用权的行为。如果行为人明知或者应当知道其所销售的商品为侵犯注册商标专用权的商品而仍然进行销售的,应当按照本条规定的关于商标侵权行为的一般罚则处理;如果行为人不具有主观上的故意,即行为人不知道该商品为侵权商品,能证明该商品是自己合法取得并说明提供者的,则只由工商行政管理部门给予责令停止销售处理,不再给予其他行政处罚。

关联法规

《商标一般违法判断标准》第 23 条

第六十一条　【商标侵权的查处和司法移送】对侵犯注册商标专用权的行为,工商行政管理部门有权依法查处;涉嫌犯罪的,应当及时移送司法机关依法处理。

第六十二条　【工商部门的职权及中止查处】县级以上工商行政管理部门根据已经取得的违法嫌疑证据或者举报,对涉嫌侵犯他人注册商标专用权的行为进行查处时,可以行使下列职权:

（一）询问有关当事人，调查与侵犯他人注册商标专用权有关的情况；

（二）查阅、复制当事人与侵权活动有关的合同、发票、账簿以及其他有关资料；

（三）对当事人涉嫌从事侵犯他人注册商标专用权活动的场所实施现场检查；

（四）检查与侵权活动有关的物品；对有证据证明是侵犯他人注册商标专用权的物品，可以查封或者扣押。

工商行政管理部门依法行使前款规定的职权时，当事人应当予以协助、配合，不得拒绝、阻挠。

在查处商标侵权案件过程中，对商标权属存在争议或者权利人同时向人民法院提起商标侵权诉讼的，工商行政管理部门可以中止案件的查处。中止原因消除后，应当恢复或者终结案件查处程序。

条文注释

本条是关于县级以上工商行政管理部门查处侵犯注册商标专用权行为可以行使的职权以及查处中止程序的规定。

县级以上工商行政管理部门行使本条规定的职权的前提是已经取得违法嫌疑证据，或者接到有关侵犯注册商标专用权行为的举报。违法嫌疑证据，是指基本能够证明行为人实施了侵犯他人注册商标专用权行为的客观存在的证据，包括书证、物证、视听资料、证人证言、当事人的陈述、鉴定意见、勘验笔录以及其他具有法律效力的证据。

县级以上工商行政管理部门查处侵犯他人注册商标专用权行为时可以行使以下几项职权：

（1）询问、调查权。即询问有关当事人，调查与侵犯他人注册商标专用权有关的情况。县级以上工商行政管理部门查处侵犯注册商标专用权的行为，可以到有关当事人的住所、工作场所、生产经营场所对该当事人进行询问，或者责令有关当事人到指定场所接受询问，要求当事人将其知道的事实如实向工商行政管理部门提供。询问应当制作询问笔录，并由询问人和被询问人签名或者盖章。询问对象不仅包括直接从事侵犯他人注册商标专用权活动的人员，而且包括与侵权行为有关的其他人员。询问当事人不得限制或者变相限制被询问人的人身自由。

(2)查阅、复制权。即查阅、复制当事人与侵权活动有关的合同、发票、账簿以及其他有关资料。合同、发票、账簿及其他有关资料，是记录经济活动的证据。通过查阅、复制这些资料，可以掌握当事人是否实施了侵犯注册商标专用权的行为，其行为的性质、情节轻重、危害后果如何，从而能够为工商行政管理部门作出处罚决定提供依据。因此，本条赋予县级以上工商行政管理部门查阅、复制当事人与侵权活动有关的合同、发票、账簿以及其他有关资料的权力。

(3)现场检查权。即对当事人涉嫌从事侵犯他人注册商标专用权活动的场所实施现场检查。当事人涉嫌从事侵权活动的场所，包括涉嫌从事侵权行为的生产加工场所、经营场所，商标标识的印制、销售场所，商品及商标标识的存放场所等。县级以上工商行政管理部门可以派人进入上述场所并进行检查，以查明事实、掌握证据。对于与当事人的侵权行为无关的住所及其他场所，不得实施现场检查。

(4)物品检查权及查封、扣押权。即检查与侵权活动有关的物品；对有证据证明是侵犯他人注册商标专用权的物品，可以查封或者扣押。检查与侵权活动有关的物品，是指对与侵权活动有关的产品及其包装、商标标识进行检查，必要时，可以对该物品进行检验，以查明该物品是否为侵犯注册商标专用权的物品。所谓查封，是指县级以上工商行政管理部门采取张贴封条或者其他必要措施，将侵权物品就地予以封存；未经许可，任何单位或者个人不得启封、转移或者动用侵权物品。所谓扣押，是指县级以上工商行政管理部门将侵权物品移至他处予以扣留、封存。在采取查封、扣押措施后，县级以上工商行政管理部门应当对被查封、扣押物品及时进行检验或者鉴定,并根据检验、鉴定结果及时作出进一步的处理。发现采取查封、扣押措施不当的,应当立即解除。查封、扣押的程序应当依照《行政强制法》的有关规定执行。

此外,为了维护商标权的稳定以及更好地与司法程序相衔接,本条第3款规定,在查处商标侵权案件过程中,对商标权属存在争议或者权利人同时向人民法院提起商标侵权诉讼的,工商行政管理部门可以中止案件的查处。中止原因消除后,应当恢复或者终结案件查处程序。

关联法规

《商标法实施条例》第81条

第六十三条 【商标侵权的赔偿数额】侵犯商标专用权的赔偿数额,按照权利人因被侵权所受到的实际损失确定;实际损失难以确定的,可以按照侵权人因侵权所获得的利益确定;权利人的损失或者侵权人获得的利益难以确定的,参照该商标许可使用费的倍数合理确定。对恶意侵犯商标专用权、情节严重的,可以在按照上述方法确定数额的一倍以上五倍以下确定赔偿数额。赔偿数额应当包括权利人为制止侵权行为所支付的合理开支。

人民法院为确定赔偿数额,在权利人已经尽力举证,而与侵权行为相关的账簿、资料主要由侵权人掌握的情况下,可以责令侵权人提供与侵权行为相关的账簿、资料;侵权人不提供或者提供虚假的账簿、资料的,人民法院可以参考权利人的主张和提供的证据判定赔偿数额。

权利人因被侵权所受到的实际损失、侵权人因侵权所获得的利益、注册商标许可使用费难以确定的,由人民法院根据侵权行为的情节判决给予五百万元以下的赔偿。

人民法院审理商标纠纷案件,应权利人请求,对属于假冒注册商标的商品,除特殊情况外,责令销毁;对主要用于制造假冒注册商标的商品的材料、工具,责令销毁,且不予补偿;或者在特殊情况下,责令禁止前述材料、工具进入商业渠道,且不予补偿。

假冒注册商标的商品不得在仅去除假冒注册商标后进入商业渠道。

条文注释

本条是关于侵犯商标专用权的赔偿数额如何确定的规定。

根据本条规定,确定侵犯商标专用权的赔偿数额有以下几种方式:

(1)按照权利人因被侵权所受到的实际损失确定。简单来说,因侵权人的侵权商品在市场上销售,使商标专用权人的商品销量下降,其销量减少的总数乘以每件商品的利润所得之积,即为被侵权人因被侵权所受到的实际损失。

(2)实际损失难以确定的,可以按照侵权人因侵权所获得的利益确定。侵权人在侵权期间从每件侵权商品上所获得的利润,乘以在市场上销售的侵权商品数量所得之积,即为侵权人在侵权期间因侵权所获得的利益。

(3)权利人的损失或者侵权人获得的利益难以确定的,参照该商标许可使用费的倍数合理确定。

(4)对恶意侵犯商标专用权、情节严重的,可以在按照上述方法确定数额的1倍以上5倍以下确定赔偿数额。

此外,赔偿数额应当包括权利人为制止侵权行为所支付的合理开支。这里所说的合理开支,包括权利人所支付的用于制止侵权行为的交通费、调查费、鉴定费、适当的律师费以及其他合理费用。

案例指引

郭某升、郭某锋、孙某标假冒注册商标案

裁判要点：假冒注册商标犯罪的非法经营数额、违法所得数额，应当综合被告人供述、证人证言、被害人陈述、网络销售电子数据、被告人银行账户往来记录、送货单、快递公司电脑系统记录、被告人等所作记账等证据认定。被告人辩解称网络销售记录存在刷信誉的不真实交易，但无证据证实的，对其辩解不予采纳。

第六十四条　【不承担赔偿责任的情形】注册商标专用权人请求赔偿，被控侵权人以注册商标专用权人未使用注册商标提出抗辩的，人民法院可以要求注册商标专用权人提供此前三年内实际使用该注册商标的证据。注册商标专用权人不能证明此前三年内实际使用过该注册商标，也不能证明因侵权行为受到其他损失的，被控侵权人不承担赔偿责任。

销售不知道是侵犯注册商标专用权的商品，能证明该商品是自己合法取得并说明提供者的，不承担赔偿责任。

条文注释

本条是关于注册商标专用权的被控侵权人不承担赔偿责任情形的规定。

（1）注册商标3年未使用的，被控侵权人不承担赔偿责任。商标只有通过持续不断地使用，才能实现其识别商品或服务来源的基本功能。为了鼓励商标使用，本法从两个方面作了规定：一是在第49条中规定，注册商标没有正当理由连续3年不使用的，任何单位或者个人可以向商标局申请撤销该注册商标；二是在本条中规定，注册商标3年未使用，并且注册商标专用权人不能证明其因侵权行为受到其他损失的，免除被控侵权人的赔偿责任。

（2）不具有主观上的故意的销售者不承担赔偿责任。对于如何

判断销售者不具有主观上的故意，本条规定了严格的限制条件，即销售者能证明该商品是自己合法取得并说明提供者的，才能认定销售者不具有主观上的故意。能证明该商品是自己合法取得，是指销售者能够提供发票、付款凭证及其他证据以证明该商品是自己通过合法途径取得的。说明提供者，是指销售者能够说明该商品的出卖方的姓名、名称、住所或者能够提供其他线索，并且能够被查证属实。

第六十五条　【诉前临时措施】商标注册人或者利害关系人有证据证明他人正在实施或者即将实施侵犯其注册商标专用权的行为，如不及时制止将会使其合法权益受到难以弥补的损害的，可以依法在起诉前向人民法院申请采取责令停止有关行为和财产保全的措施。

条文注释

本条是关于商标注册人或者利害关系人向人民法院申请采取诉前临时措施的规定。

《民事诉讼法》第 103 条第 1 款规定，人民法院对于可能因当事人一方的行为或者其他原因，使判决难以执行或者造成当事人其他损害的案件，根据对方当事人的申请，可以裁定对其财产进行保全、责令其作出一定行为或者禁止其作出一定行为；当事人没有提出申请的，人民法院在必要时也可以裁定采取保全措施。为了与《民事诉讼法》相衔接，本条对诉前临时措施作了规定，主要包括两项内容：一是规定了采取诉前临时措施的法定条件；二是规定了诉前临时措施的内容，即责令停止有关行为和财产保全。

1. 采取诉前临时措施的法定条件

根据本条和《民事诉讼法》的有关规定，申请人民法院采取诉前临时措施，应当符合以下条件：(1) 申请人必须是商标注册人或者利害关系人。商标注册人是商标专用权的权利主体，其商标专用权受到不法侵害时，可以按照本法规定的条件和《民事诉讼法》规定的程序申请人民法院采取诉前临时措施。利害关系人，是指与侵犯商标专用权的行为有直接利害关系的其他人，比如注册商标的被许可使用人、商标专用权的合法继承人等。与侵犯商标专用权行为没有利害关系的人向人民法院申请采取诉前临时措施的，人民法院应当裁定不予受理。(2)申请人必须向人民法院提供证据，证明他人正在实施或者即将实施侵犯其商标专用权的行为，并且如果不及时制止该侵权行为，申请人的合法权益将会受到难以弥补的损害。(3)商标注册人或者利害关系人采取临时措施的申请应当在起诉前向人民法院提出。临时措施是为了避免已经发生或者即将发生的侵犯注册商标专用权的行为给权利人造成难以弥补的损害，而由权利人向人民法院申请采取的一项紧急措施，这一措施应当由商标注册人或者利害关系人在起诉前向人民法院提出。如果商标注册人或者利害关系人已经向人民法院提出商标专用权侵权诉讼，并且认为可能因被告人的行为或者其他原因，使判决不能执行或者难以执行，商标注册人或者利害关系人可以向人民法院申请采取诉讼中的财产保全措施。

2. 诉前临时措施的内容

诉前临时措施包括责令停止有关行为和财产保全两项内容。申请人可以根据案件的实际情况，申请人民法院同时采取这两项措施，也可以申请人民法院采取其中的一项措施。责令停止有关行为，是指人民法院根据注册商标所有人或者利害关系人的申请，责令侵权人停止有关侵犯他人商标专用权的行为。财产保全，是指人民法院根据注册商标所有人或者利害关系人的申请，对与案件有关的财产采取查封、扣押、冻结或者法律规定的其他强制性措施。

第六十六条　【诉前证据保全】为制止侵权行为，在证据可能灭失或者以后难以取得的情况下，商标注册人或者利害关系人可以依法在起诉前向人民法院申请保全证据。

条文注释

本条是关于商标注册人或者利害关系人向人民法院申请诉前

证据保全的规定。

《民事诉讼法》第84条第2款规定，因情况紧急，在证据可能灭失或者以后难以取得的情况下，利害关系人可以在提起诉讼或者申请仲裁前向证据所在地、被申请人住所地或者对案件有管辖权的人民法院申请保全证据。为了与《民事诉讼法》相衔接，本条对商标注册人或者利害关系人向人民法院申请诉前证据保全作了相应的规定。

第六十七条　【刑事责任】未经商标注册人许可，在同一种商品上使用与其注册商标相同的商标，构成犯罪的，除赔偿被侵权人的损失外，依法追究刑事责任。

伪造、擅自制造他人注册商标标识或者销售伪造、擅自制造的注册商标标识，构成犯罪的，除赔偿被侵权人的损失外，依法追究刑事责任。

销售明知是假冒注册商标的商品，构成犯罪的，除赔偿被侵权人的损失外，依法追究刑事责任。

条文注释

本条是关于侵犯注册商标专用权行为的刑事责任的规定。

商标侵权的主要责任方式为民事责任，只有在侵权行为非常严重，触犯了《刑法》的相关规定时，侵权责任人才有可能承担刑事责任。根据《刑法》的相关规定，侵犯注册商标专用权行为所涉及的罪名主要包括假冒注册商标罪，销售假冒注册商标的商品罪，非法制造、销售非法制造的注册商标标识罪等。

第六十八条　【商标代理机构的法律责任】商标代理机构有下列行为之一的，由工商行政管理部门责令限期改正，给予警告，处一万元以上十万元以下的罚款；对直接负责的主管人员和其他直接责任人员给予警告，处五千元以上五万元以下的罚款；构成犯罪的，依法追究刑事责任：

（一）办理商标事宜过程中，伪造、变造或者使用伪造、变造的法律文件、印章、签名的；

（二）以诋毁其他商标代理机构等手段招徕商标代理业务或者以其他不正当手段扰乱商标代理市场秩序的；

（三）违反本法第四条、第十九条第三款和第四款规定的。

商标代理机构有前款规定行为的，由工商行政管理部门记入信用档案；情节严重的，商标局、商标评审委员会并可以决定停止受理其办理商标代理业务，予以公告。

商标代理机构违反诚实信用原则，侵害委托人合法利益的，应当依法承担民事责任，并由商标代理行业组织按照章程规定予以惩戒。

对恶意申请商标注册的，根据情节给予警告、罚款等行政处罚；对恶意提起商标诉讼的，由人民法院依法给予处罚。

关联法规

《商标法实施条例》第88～90条；《商标代理监督管理规定》第27、29、34条；《规范商标申请注册行为若干规定》第12、13条

第六十九条 【国家机关工作人员的行为规范】从事商标注册、管理和复审工作的国家机关工作人员必须秉公执法，廉洁自律，忠于职守，文明服务。

商标局、商标评审委员会以及从事商标注册、管理和复审工作的国家机关工作人员不得从事商标代理业务和商品生产经营活动。

第七十条 【工商部门的内部监督】工商行政管理部门应当建立健全内部监督制度，对负责商标注册、管理和复审工作的国家机关工作人员执行法律、行政法规和遵守纪律的情况，进行监督检查。

第七十一条　【国家机关工作人员的法律责任】从事商标注册、管理和复审工作的国家机关工作人员玩忽职守、滥用职权、徇私舞弊,违法办理商标注册、管理和复审事项,收受当事人财物,牟取不正当利益,构成犯罪的,依法追究刑事责任;尚不构成犯罪的,依法给予处分。

条文注释

本条是对从事商标注册、管理和复审工作的国家机关工作人员的法律责任的规定。

在实际工作中,从事商标注册、管理和复审工作的国家机关工作人员会出现各种违法履行职责的行为。这些行为主要包括:(1)玩忽职守,是指从事商标注册、管理和复审工作的国家机关工作人员不履行、不正确履行或者放弃履行职责,违法办理商标注册、管理和复审事项。(2)滥用职权,是指从事商标注册、管理和复审工作的国家机关工作人员违反法律规定的职责权限和程序,滥用职权或者超越职权,违法办理商标注册、管理和复审事项。(3)徇私舞弊,是指从事商标注册、管理和复审工作的国家机关工作人员徇个人私利或者亲友私情,违法办理商标注册、管理和复审事项。(4)收受当事人财物,是指从事商标注册、管理和复审工作的国家机关工作人员利用职权或者职务上的便利,收取当事人给予的财物。(5)牟取不正当利益,是指从事商标注册、管理和复审工作的国家机关工作人员利用职权或者职务上的便利,收受回扣、手续费以及获取其他非法利益。

第八章　附　　则

第七十二条　【缴纳费用】申请商标注册和办理其他商标事宜的,应当缴纳费用,具体收费标准另定。

条文注释

本条是关于申请商标注册和办理其他商标事宜应当缴纳费用的规定。

1. 缴纳费用的事项

根据本条的规定，应当缴纳费用的事项包括以下两个方面：一是申请商标注册。要求当事人在申请商标注册时缴纳费用，是国际上的通行做法。其原因在于，商标的注册、管理、复审机关在受理、审查、公告、准予商标注册申请时，需要支付一定的成本。这些成本，应当由当事人承担。二是办理其他商标事宜。所谓其他商标事宜，是指除申请商标注册以外的其他与商标有关的事宜，如转让注册商标、商标许可使用、变更商标注册人住址等。这些事宜的办理，也需要支付一定的成本。由当事人承担这些成本，既有利于商标专用权人更加积极地维护其所使用注册商标的商品或者服务的质量和信誉，也有利于商标专用权人更加自觉地维护自身的合法权益。

2. 收费标准

商标的注册、管理和复审环节很多，哪些事项应当缴纳费用，确定什么样的收费标准，情况较为复杂；同时，随着我国经济社会的快速发展，对申请商标注册和办理其他商标事宜的收费标准也需要不断地进行调整，所以收费标准不宜在法律中作出详细的规定。按照目前的实际做法，对申请商标注册和办理其他商标事宜的收费标准由国务院价格主管部门与国务院财政主管部门共同制定。

第七十三条　【施行日期及效力】本法自1983年3月1日起施行。1963年4月10日国务院公布的《商标管理条例》同时废止；其他有关商标管理的规定，凡与本法抵触的，同时失效。

本法施行前已经注册的商标继续有效。

附录

中华人民共和国商标法实施条例

（2002 年 8 月 3 日国务院令第 358 号公布
2014 年 4 月 29 日国务院令第 651 号修订）

第一章　总　　则

第一条　根据《中华人民共和国商标法》（以下简称商标法），制定本条例。

第二条　本条例有关商品商标的规定，适用于服务商标。

第三条　商标持有人依照商标法第十三条规定请求驰名商标保护的，应当提交其商标构成驰名商标的证据材料。商标局、商标评审委员会应当依照商标法第十四条的规定，根据审查、处理案件的需要以及当事人提交的证据材料，对其商标驰名情况作出认定。

第四条　商标法第十六条规定的地理标志，可以依照商标法和本条例的规定，作为证明商标或者集体商标申请注册。

以地理标志作为证明商标注册的，其商品符合使用该地理标志条件的自然人、法人或者其他组织可以要求使用该证明商标，控制该证明商标的组织应当允许。以地理标志作为集体商标注册的，其商品符合使用该地理标志条件的自然人、法人或者其他组织，可以要求参加以该地理标志作为集体商标注册的团体、协会或者其他组织，该团体、协会或者其他组织应当依据其章程接纳为会员；不要求参加以该地理标志作为集体商标注册的团体、协会或者其他组织的，也可以正当使用该地理标志，该团体、协会或者其他组织无权禁止。

第五条　当事人委托商标代理机构申请商标注册或者办理其他商标事宜,应当提交代理委托书。代理委托书应当载明代理内容及权限;外国人或者外国企业的代理委托书还应当载明委托人的国籍。

外国人或者外国企业的代理委托书及与其有关的证明文件的公证、认证手续,按照对等原则办理。

申请商标注册或者转让商标,商标注册申请人或者商标转让受让人为外国人或者外国企业的,应当在申请书中指定中国境内接收人负责接收商标局、商标评审委员会后继商标业务的法律文件。商标局、商标评审委员会后继商标业务的法律文件向中国境内接收人送达。

商标法第十八条所称外国人或者外国企业,是指在中国没有经常居所或者营业所的外国人或者外国企业。

第六条　申请商标注册或者办理其他商标事宜,应当使用中文。

依照商标法和本条例规定提交的各种证件、证明文件和证据材料是外文的,应当附送中文译文;未附送的,视为未提交该证件、证明文件或者证据材料。

第七条　商标局、商标评审委员会工作人员有下列情形之一的,应当回避,当事人或者利害关系人可以要求其回避:

(一)是当事人或者当事人、代理人的近亲属的;

(二)与当事人、代理人有其他关系,可能影响公正的;

(三)与申请商标注册或者办理其他商标事宜有利害关系的。

第八条　以商标法第二十二条规定的数据电文方式提交商标注册申请等有关文件,应当按照商标局或者商标评审委员会的规定通过互联网提交。

第九条　除本条例第十八条规定的情形外,当事人向商标局或者商标评审委员会提交文件或者材料的日期,直接递交的,以递交日为准;邮寄的,以寄出的邮戳日为准;邮戳日不清晰或者没有邮戳的,以商标局或者商标评审委员会实际收到日为准,但是当事人能够提出实际邮戳日证据的除外。通过邮政企业以外的快递企业递交的,以快递企业收寄日为准;收寄日不明确的,以商标局或者商标评审委员会实际收到日为准,但是当事人能够提出实际收寄日证据的除外。以数据电文方式提交的,以进入商标局或者商标评审委员会电子系统的日期为准。

当事人向商标局或者商标评审委员会邮寄文件，应当使用给据邮件。

当事人向商标局或者商标评审委员会提交文件，以书面方式提交的，以商标局或者商标评审委员会所存档案记录为准；以数据电文方式提交的，以商标局或者商标评审委员会数据库记录为准，但是当事人确有证据证明商标局或者商标评审委员会档案、数据库记录有错误的除外。

第十条 商标局或者商标评审委员会的各种文件，可以通过邮寄、直接递交、数据电文或者其他方式送达当事人；以数据电文方式送达当事人的，应当经当事人同意。当事人委托商标代理机构的，文件送达商标代理机构视为送达当事人。

商标局或者商标评审委员会向当事人送达各种文件的日期，邮寄的，以当事人收到的邮戳日为准；邮戳日不清晰或者没有邮戳的，自文件发出之日起满 15 日视为送达当事人，但是当事人能够证明实际收到日的除外；直接递交的，以递交日为准；以数据电文方式送达的，自文件发出之日起满 15 日视为送达当事人，但是当事人能够证明文件进入其电子系统日期的除外。文件通过上述方式无法送达的，可以通过公告方式送达，自公告发布之日起满 30 日，该文件视为送达当事人。

第十一条 下列期间不计入商标审查、审理期限：

（一）商标局、商标评审委员会文件公告送达的期间；

（二）当事人需要补充证据或者补正文件的期间以及因当事人更换需要重新答辩的期间；

（三）同日申请提交使用证据及协商、抽签需要的期间；

（四）需要等待优先权确定的期间；

（五）审查、审理过程中，依案件申请人的请求等待在先权利案件审理结果的期间。

第十二条 除本条第二款规定的情形外，商标法和本条例规定的各种期限开始的当日不计算在期限内。期限以年或者月计算的，以期限最后一月的相应日为期限届满日；该月无相应日的，以该月最后一日为期限届满日；期限届满日是节假日的，以节假日后的第一个工作日为期限届满日。

商标法第三十九条、第四十条规定的注册商标有效期从法定日开始起算，期限最后一月相应日的前一日为期限届满日，该月无相应日的，以该月最后一日为期限届满日。

第二章　商标注册的申请

第十三条　申请商标注册，应当按照公布的商品和服务分类表填报。每一件商标注册申请应当向商标局提交《商标注册申请书》1 份、商标图样 1 份；以颜色组合或者着色图样申请商标注册的，应当提交着色图样，并提交黑白稿 1 份；不指定颜色的，应当提交黑白图样。

商标图样应当清晰，便于粘贴，用光洁耐用的纸张印制或者用照片代替，长和宽应当不大于 10 厘米，不小于 5 厘米。

以三维标志申请商标注册的，应当在申请书中予以声明，说明商标的使用方式，并提交能够确定三维形状的图样，提交的商标图样应当至少包含三面视图。

以颜色组合申请商标注册的，应当在申请书中予以声明，说明商标的使用方式。

以声音标志申请商标注册的，应当在申请书中予以声明，提交符合要求的声音样本，对申请注册的声音商标进行描述，说明商标的使用方式。对声音商标进行描述，应当以五线谱或者简谱对申请用作商标的声音加以描述并附加文字说明；无法以五线谱或者简谱描述的，应当以文字加以描述；商标描述与声音样本应当一致。

申请注册集体商标、证明商标的，应当在申请书中予以声明，并提交主体资格证明文件和使用管理规则。

商标为外文或者包含外文的，应当说明含义。

第十四条　申请商标注册的，申请人应当提交其身份证明文件。商标注册申请人的名义与所提交的证明文件应当一致。

前款关于申请人提交其身份证明文件的规定适用于向商标局提出的办理变更、转让、续展、异议、撤销等其他商标事宜。

第十五条　商品或者服务项目名称应当按照商品和服务分类表中的类别号、名称填写；商品或者服务项目名称未列入商品和服务分类表的，应当附送对该商品或者服务的说明。

商标注册申请等有关文件以纸质方式提出的，应当打字或者印刷。

本条第二款规定适用于办理其他商标事宜。

第十六条 共同申请注册同一商标或者办理其他共有商标事宜的，应当在申请书中指定一个代表人；没有指定代表人的，以申请书中顺序排列的第一人为代表人。

商标局和商标评审委员会的文件应当送达代表人。

第十七条 申请人变更其名义、地址、代理人、文件接收人或者删减指定的商品的，应当向商标局办理变更手续。

申请人转让其商标注册申请的，应当向商标局办理转让手续。

第十八条 商标注册的申请日期以商标局收到申请文件的日期为准。

商标注册申请手续齐备、按照规定填写申请文件并缴纳费用的，商标局予以受理并书面通知申请人；申请手续不齐备、未按照规定填写申请文件或者未缴纳费用的，商标局不予受理，书面通知申请人并说明理由。申请手续基本齐备或者申请文件基本符合规定，但是需要补正的，商标局通知申请人予以补正，限其自收到通知之日起 30 日内，按照指定内容补正并交回商标局。在规定期限内补正并交回商标局的，保留申请日期；期满未补正的或者不按照要求进行补正的，商标局不予受理并书面通知申请人。

本条第二款关于受理条件的规定适用于办理其他商标事宜。

第十九条 两个或者两个以上的申请人，在同一种商品或者类似商品上，分别以相同或者近似的商标在同一天申请注册的，各申请人应当自收到商标局通知之日起 30 日内提交其申请注册前在先使用该商标的证据。同日使用或者均未使用的，各申请人可以自收到商标局通知之日起 30 日内自行协商，并将书面协议报送商标局；不愿协商或者协商不成的，商标局通知各申请人以抽签的方式确定一个申请人，驳回其他人的注册申请。商标局已经通知但申请人未参加抽签的，视为放弃申请，商标局应当书面通知未参加抽签的申请人。

第二十条 依照商标法第二十五条规定要求优先权的，申请人提交的第一次提出商标注册申请文件的副本应当经受理该申请的商标主管机关证明，并注明申请日期和申请号。

第三章 商标注册申请的审查

第二十一条 商标局对受理的商标注册申请，依照商标法及本条例的有关规定进行审查，对符合规定或者在部分指定商品上使用商标的注册申请符合规定的，予以初步审定，并予以公告；对不符合规定或者在部分指定商品上使用商标的注册申请不符合规定的，予以驳回或者驳回在部分指定商品上使用商标的注册申请，书面通知申请人并说明理由。

第二十二条　商标局对一件商标注册申请在部分指定商品上予以驳回的，申请人可以将该申请中初步审定的部分申请分割成另一件申请，分割后的申请保留原申请的申请日期。

需要分割的，申请人应当自收到商标局《商标注册申请部分驳回通知书》之日起 15 日内，向商标局提出分割申请。

商标局收到分割申请后，应当将原申请分割为两件，对分割出来的初步审定申请生成新的申请号，并予以公告。

第二十三条　依照商标法第二十九条规定，商标局认为对商标注册申请内容需要说明或者修正的，申请人应当自收到商标局通知之日起 15 日内作出说明或者修正。

第二十四条　对商标局初步审定予以公告的商标提出异议的，异议人应当向商标局提交下列商标异议材料一式两份并标明正、副本：

（一）商标异议申请书；

（二）异议人的身份证明；

（三）以违反商标法第十三条第二款和第三款、第十五条、第十六条第一款、第三十条、第三十一条、第三十二条规定为由提出异议的，异议人作为在先权利人或者利害关系人的证明。

商标异议申请书应当有明确的请求和事实依据，并附送有关证据材料。

第二十五条　商标局收到商标异议申请书后，经审查，符合受理条件的，予以受理，向申请人发出受理通知书。

第二十六条　商标异议申请有下列情形的，商标局不予受理，书面通知申请人并说明理由：

（一）未在法定期限内提出的；

（二）申请人主体资格、异议理由不符合商标法第三十三条规定的；

（三）无明确的异议理由、事实和法律依据的；

（四）同一异议人以相同的理由、事实和法律依据针对同一商标再次提出异议申请的。

第二十七条 商标局应当将商标异议材料副本及时送交被异议人，限其自收到商标异议材料副本之日起30日内答辩。被异议人不答辩的，不影响商标局作出决定。

当事人需要在提出异议申请或者答辩后补充有关证据材料的，应当在商标异议申请书或者答辩书中声明，并自提交商标异议申请书或者答辩书之日起3个月内提交；期满未提交的，视为当事人放弃补充有关证据材料。但是，在期满后生成或者当事人有其他正当理由未能在期满前提交的证据，在期满后提交的，商标局将证据交对方当事人并质证后可以采信。

第二十八条 商标法第三十五条第三款和第三十六条第一款所称不予注册决定，包括在部分指定商品上不予注册决定。

被异议商标在商标局作出准予注册决定或者不予注册决定前已经刊发注册公告的，撤销该注册公告。经审查异议不成立而准予注册的，在准予注册决定生效后重新公告。

第二十九条 商标注册申请人或者商标注册人依照商标法第三十八条规定提出更正申请的，应当向商标局提交更正申请书。符合更正条件的，商标局核准后更正相关内容；不符合更正条件的，商标局不予核准，书面通知申请人并说明理由。

已经刊发初步审定公告或者注册公告的商标经更正的，刊发更正公告。

第四章 注册商标的变更、转让、续展

第三十条 变更商标注册人名义、地址或者其他注册事项的，应当向商标局提交变更申请书。变更商标注册人名义的，还应当提交有关登记机关出具的变更证明文件。商标局核准的，发给商标注册人相应证明，并予以公告；不予核准的，应当书面通知申请人并说明理由。

变更商标注册人名义或者地址的，商标注册人应当将其全部注册商标一并变更；未一并变更的，由商标局通知其限期改正；期满未改正的，视为放弃变更申请，商标局应当书面通知申请人。

第三十一条 转让注册商标的，转让人和受让人应当向商标局提交转让注册商标申请书。转让注册商标申请手续应当由转让人和受让人共同办理。商标局核准转让注册商标申请的，发给受让人相应证明，并予以公告。

转让注册商标，商标注册人对其在同一种或者类似商品上注册的相同或者近似的商标未一并转让的，由商标局通知其限期改正；期满未改正的，视为放弃转让该注册商标的申请，商标局应当书面通知申请人。

第三十二条　注册商标专用权因转让以外的继承等其他事由发生移转的，接受该注册商标专用权的当事人应当凭有关证明文件或者法律文书到商标局办理注册商标专用权移转手续。

注册商标专用权移转的，注册商标专用权人在同一种或者类似商品上注册的相同或者近似的商标，应当一并移转；未一并移转的，由商标局通知其限期改正；期满未改正的，视为放弃该移转注册商标的申请，商标局应当书面通知申请人。

商标移转申请经核准的，予以公告。接受该注册商标专用权移转的当事人自公告之日起享有商标专用权。

第三十三条　注册商标需要续展注册的，应当向商标局提交商标续展注册申请书。商标局核准商标注册续展申请的，发给相应证明并予以公告。

第五章　商标国际注册

第三十四条　商标法第二十一条规定的商标国际注册，是指根据《商标国际注册马德里协定》（以下简称马德里协定）、《商标国际注册马德里协定有关议定书》（以下简称马德里议定书）及《商标国际注册马德里协定及该协定有关议定书的共同实施细则》的规定办理的马德里商标国际注册。

马德里商标国际注册申请包括以中国为原属国的商标国际注册申请、指定中国的领土延伸申请及其他有关的申请。

第三十五条　以中国为原属国申请商标国际注册的，应当在中国设有真实有效的营业所，或者在中国有住所，或者拥有中国国籍。

第三十六条　符合本条例第三十五条规定的申请人，其商标已在商标局获得注册的，可以根据马德里协定申请办理该商标的国际注册。

符合本条例第三十五条规定的申请人，其商标已在商标局获得注册，或者已向商标局提出商标注册申请并被受理的，可以根据马德里议定书申请办理该商标的国际注册。

第三十七条　以中国为原属国申请商标国际注册的，应当通过商标局向世界知识产权组织国际局（以下简称国际局）申请办理。

以中国为原属国的，与马德里协定有关的商标国际注册的后期指定、放弃、注销，应当通过商标局向国际局申请办理；与马德里协定有关的商标国际注册的转让、删减、变更、续展，可以通过商标局向国际局申请办理，也可以直接向国际局申请办理。

以中国为原属国的，与马德里议定书有关的商标国际注册的后期指定、转让、删减、放弃、注销、变更、续展，可以通过商标局向国际局申请办理，也可以直接向国际局申请办理。

第三十八条 通过商标局向国际局申请商标国际注册及办理其他有关申请的，应当提交符合国际局和商标局要求的申请书和相关材料。

第三十九条 商标国际注册申请指定的商品或者服务不得超出国内基础申请或者基础注册的商品或者服务的范围。

第四十条 商标国际注册申请手续不齐备或者未按照规定填写申请书的，商标局不予受理，申请日不予保留。

申请手续基本齐备或者申请书基本符合规定，但需要补正的，申请人应当自收到补正通知书之日起30日内予以补正，逾期未补正的，商标局不予受理，书面通知申请人。

第四十一条 通过商标局向国际局申请商标国际注册及办理其他有关申请的，应当按照规定缴纳费用。

申请人应当自收到商标局缴费通知单之日起15日内，向商标局缴纳费用。期满未缴纳的，商标局不受理其申请，书面通知申请人。

第四十二条 商标局在马德里协定或者马德里议定书规定的驳回期限（以下简称驳回期限）内，依照商标法和本条例的有关规定对指定中国的领土延伸申请进行审查，作出决定，并通知国际局。商标局在驳回期限内未发出驳回或者部分驳回通知的，该领土延伸申请视为核准。

第四十三条 指定中国的领土延伸申请人，要求将三维标志、颜色组合、声音标志作为商标保护或者要求保护集体商标、证明商标的，自该商标在国际局国际注册簿登记之日起3个月内，应当通过依法设立的商标代理机构，向商标局提交本条例第十三条规定的相关材料。未在上述期限内提交相关材料的，商标局驳回该领土延伸申请。

第四十四条 世界知识产权组织对商标国际注册有关事项进行公告，商标局不再另行公告。

第四十五条 对指定中国的领土延伸申请，自世界知识产权组织《国际商标公告》出版的次月1日起3个月内，符合商标法第三十三条规定条件的异议人可以向商标局提出异议申请。

商标局在驳回期限内将异议申请的有关情况以驳回决定的形式通知国际局。

被异议人可以自收到国际局转发的驳回通知书之日起30日内进行答辩，答辩书及相关证据材料应当通过依法设立的商标代理机构向商标局提交。

第四十六条 在中国获得保护的国际注册商标，有效期自国际注册日或者后期指定日起算。在有效期届满前，注册人可以向国际局申请续展，在有效期内未申请续展的，可以给予6个月的宽展期。商标局收到国际局的续展通知后，依法进行审查。国际局通知未续展的，注销该国际注册商标。

第四十七条 指定中国的领土延伸申请办理转让的，受让人应当在缔约方境内有真实有效的营业所，或者在缔约方境内有住所，或者是缔约方国民。

转让人未将其在相同或者类似商品或者服务上的相同或者近似商标一并转让的，商标局通知注册人自发出通知之日起3个月内改正；期满未改正或者转让容易引起混淆或者有其他不良影响的，商标局作出该转让在中国无效的决定，并向国际局作出声明。

第四十八条 指定中国的领土延伸申请办理删减，删减后的商品或者服务不符合中国有关商品或者服务分类要求或者超出原指定商品或者服务范围的，商标局作出该删减在中国无效的决定，并向国际局作出声明。

第四十九条 依照商标法第四十九条第二款规定申请撤销国际注册商标，应当自该商标国际注册申请的驳回期限届满之日起满3年后向商标局提出申请；驳回期限届满时仍处在驳回复审或者异议相关程序的，应当自商标局或者商标评审委员会作出的准予注册决定生效之日起满3年后向商标局提出申请。

依照商标法第四十四条第一款规定申请宣告国际注册商标无效的，应当自该商标国际注册申请的驳回期限届满后向商标评审委员会提出申请；驳回期限届满时仍处在驳回复审或者异议相关程序的，应当自商标局或者商标评审委员会作出的准予注册决定生效后向商标评审委员会提出申请。

依照商标法第四十五条第一款规定申请宣告国际注册商标无效的，应当自该商标国际注册申请的驳回期限届满之日起5年内向商标评审委员会提出申请；驳回期限届满时仍处在驳回复审或者异议相关程序的，应当自商标局或者商标评审委员会作出的准予注册决定生效之日起5年内向商标评审委员会提出申请。对恶意注册的，驰名商标所有人不受5年的时间限制。

第五十条　商标法和本条例下列条款的规定不适用于办理商标国际注册相关事宜：

（一）商标法第二十八条、第三十五条第一款关于审查和审理期限的规定；

（二）本条例第二十二条、第三十条第二款；

（三）商标法第四十二条及本条例第三十一条关于商标转让由转让人和受让人共同申请并办理手续的规定。

第六章　商标评审

第五十一条　商标评审是指商标评审委员会依照商标法第三十四条、第三十五条、第四十四条、第四十五条、第五十四条的规定审理有关商标争议事宜。当事人向商标评审委员会提出商标评审申请，应当有明确的请求、事实、理由和法律依据，并提供相应证据。

商标评审委员会根据事实，依法进行评审。

第五十二条　商标评审委员会审理不服商标局驳回商标注册申请决定的复审案件，应当针对商标局的驳回决定和申请人申请复审的事实、理由、请求及评审时的事实状态进行审理。

商标评审委员会审理不服商标局驳回商标注册申请决定的复审案件，发现申请注册的商标有违反商标法第十条、第十一条、第十二条和第十六条第一款规定情形，商标局并未依据上述条款作出驳回决定的，可以依据上述条款作出驳回申请的复审决定。商标评审委员会作出复审决定前应当听取申请人的意见。

第五十三条　商标评审委员会审理不服商标局不予注册决定的复审案件，应当针对商标局的不予注册决定和申请人申请复审的事实、理由、请求及原异议人提出的意见进行审理。

商标评审委员会审理不服商标局不予注册决定的复审案件，应当通知原异议人参加并提出意见。原异议人的意见对案件审理结果有实质影响的，可以作为评审的依据；原异议人不参加或者不提出意见的，不影响案件的审理。

第五十四条 商标评审委员会审理依照商标法第四十四条、第四十五条规定请求宣告注册商标无效的案件，应当针对当事人申请和答辩的事实、理由及请求进行审理。

第五十五条 商标评审委员会审理不服商标局依照商标法第四十四条第一款规定作出宣告注册商标无效决定的复审案件，应当针对商标局的决定和申请人申请复审的事实、理由及请求进行审理。

第五十六条 商标评审委员会审理不服商标局依照商标法第四十九条规定作出撤销或者维持注册商标决定的复审案件，应当针对商标局作出撤销或者维持注册商标决定和当事人申请复审时所依据的事实、理由及请求进行审理。

第五十七条 申请商标评审，应当向商标评审委员会提交申请书，并按照对方当事人的数量提交相应份数的副本；基于商标局的决定书申请复审的，还应当同时附送商标局的决定书副本。

商标评审委员会收到申请书后，经审查，符合受理条件的，予以受理；不符合受理条件的，不予受理，书面通知申请人并说明理由；需要补正的，通知申请人自收到通知之日起 30 日内补正。经补正仍不符合规定的，商标评审委员会不予受理，书面通知申请人并说明理由；期满未补正的，视为撤回申请，商标评审委员会应当书面通知申请人。

商标评审委员会受理商标评审申请后，发现不符合受理条件的，予以驳回，书面通知申请人并说明理由。

第五十八条 商标评审委员会受理商标评审申请后应当及时将申请书副本送交对方当事人，限其自收到申请书副本之日起 30 日内答辩；期满未答辩的，不影响商标评审委员会的评审。

第五十九条 当事人需要在提出评审申请或者答辩后补充有关证据材料的，应当在申请书或者答辩书中声明，并自提交申请书或者答辩书之日起 3 个月内提交；期满未提交的，视为放弃补充有关证据材料。但是，在期满后生成或者当事人有其他正当理由未能在期满前提交的证据，在期满后提交的，商标评审委员会将证据交对方当事人并质证后可以采信。

第六十条 商标评审委员会根据当事人的请求或者实际需要,可以决定对评审申请进行口头审理。

商标评审委员会决定对评审申请进行口头审理的,应当在口头审理15日前书面通知当事人,告知口头审理的日期、地点和评审人员。当事人应当在通知书指定的期限内作出答复。

申请人不答复也不参加口头审理的,其评审申请视为撤回,商标评审委员会应当书面通知申请人;被申请人不答复也不参加口头审理的,商标评审委员会可以缺席评审。

第六十一条 申请人在商标评审委员会作出决定、裁定前,可以书面向商标评审委员会要求撤回申请并说明理由,商标评审委员会认为可以撤回的,评审程序终止。

第六十二条 申请人撤回商标评审申请的,不得以相同的事实和理由再次提出评审申请。商标评审委员会对商标评审申请已经作出裁定或者决定的,任何人不得以相同的事实和理由再次提出评审申请。但是,经不予注册复审程序予以核准注册后向商标评审委员会提起宣告注册商标无效的除外。

第七章 商标使用的管理

第六十三条 使用注册商标,可以在商品、商品包装、说明书或者其他附着物上标明"注册商标"或者注册标记。

注册标记包括㊟和®。使用注册标记,应当标注在商标的右上角或者右下角。

第六十四条 《商标注册证》遗失或者破损的,应当向商标局提交补发《商标注册证》申请书。《商标注册证》遗失的,应当在《商标公告》上刊登遗失声明。破损的《商标注册证》,应当在提交补发申请时交回商标局。

商标注册人需要商标局补发商标变更、转让、续展证明,出具商标注册证明,或者商标申请人需要商标局出具优先权证明文件的,应当向商标局提交相应申请书。符合要求的,商标局发给相应证明;不符合要求的,商标局不予办理,通知申请人并告知理由。

伪造或者变造《商标注册证》或者其他商标证明文件的,依照刑法关于伪造、变造国家机关证件罪或者其他罪的规定,依法追究刑事责任。

第六十五条 有商标法第四十九条规定的注册商标成为其核定使用的商品通用名称情形的，任何单位或者个人可以向商标局申请撤销该注册商标，提交申请时应当附送证据材料。商标局受理后应当通知商标注册人，限其自收到通知之日起 2 个月内答辩；期满未答辩的，不影响商标局作出决定。

第六十六条 有商标法第四十九条规定的注册商标无正当理由连续 3 年不使用情形的，任何单位或者个人可以向商标局申请撤销该注册商标，提交申请时应当说明有关情况。商标局受理后应当通知商标注册人，限其自收到通知之日起 2 个月内提交该商标在撤销申请提出前使用的证据材料或者说明不使用的正当理由；期满未提供使用的证据材料或者证据材料无效并没有正当理由的，由商标局撤销其注册商标。

前款所称使用的证据材料，包括商标注册人使用注册商标的证据材料和商标注册人许可他人使用注册商标的证据材料。

以无正当理由连续 3 年不使用为由申请撤销注册商标的，应当自该注册商标注册公告之日起满 3 年后提出申请。

第六十七条 下列情形属于商标法第四十九条规定的正当理由：

（一）不可抗力；

（二）政府政策性限制；

（三）破产清算；

（四）其他不可归责于商标注册人的正当事由。

第六十八条 商标局、商标评审委员会撤销注册商标或者宣告注册商标无效，撤销或者宣告无效的理由仅及于部分指定商品的，对在该部分指定商品上使用的商标注册予以撤销或者宣告无效。

第六十九条 许可他人使用其注册商标的，许可人应当在许可合同有效期内向商标局备案并报送备案材料。备案材料应当说明注册商标使用许可人、被许可人、许可期限、许可使用的商品或者服务范围等事项。

第七十条 以注册商标专用权出质的，出质人与质权人应当签订书面质权合同，并共同向商标局提出质权登记申请，由商标局公告。

第七十一条 违反商标法第四十三条第二款规定的，由工商行政管理部门责令限期改正；逾期不改正的，责令停止销售，拒不停止销售的，处 10 万元以下的罚款。

第七十二条 商标持有人依照商标法第十三条规定请求驰名商标保护

的，可以向工商行政管理部门提出请求。经商标局依照商标法第十四条规定认定为驰名商标的，由工商行政管理部门责令停止违反商标法第十三条规定使用商标的行为，收缴、销毁违法使用的商标标识；商标标识与商品难以分离的，一并收缴、销毁。

第七十三条 商标注册人申请注销其注册商标或者注销其商标在部分指定商品上的注册的，应当向商标局提交商标注销申请书，并交回原《商标注册证》。

商标注册人申请注销其注册商标或者注销其商标在部分指定商品上的注册，经商标局核准注销的，该注册商标专用权或者该注册商标专用权在该部分指定商品上的效力自商标局收到其注销申请之日起终止。

第七十四条 注册商标被撤销或者依照本条例第七十三条的规定被注销的，原《商标注册证》作废，并予以公告；撤销该商标在部分指定商品上的注册的，或者商标注册人申请注销其商标在部分指定商品上的注册的，重新核发《商标注册证》，并予以公告。

第八章 注册商标专用权的保护

第七十五条 为侵犯他人商标专用权提供仓储、运输、邮寄、印制、隐匿、经营场所、网络商品交易平台等，属于商标法第五十七条第六项规定的提供便利条件。

第七十六条 在同一种商品或者类似商品上将与他人注册商标相同或者近似的标志作为商品名称或者商品装潢使用，误导公众的，属于商标法第五十七条第二项规定的侵犯注册商标专用权的行为。

第七十七条 对侵犯注册商标专用权的行为，任何人可以向工商行政管理部门投诉或者举报。

第七十八条 计算商标法第六十条规定的违法经营额，可以考虑下列因素：

（一）侵权商品的销售价格；

（二）未销售侵权商品的标价；

（三）已查清侵权商品实际销售的平均价格；

（四）被侵权商品的市场中间价格；

(五)侵权人因侵权所产生的营业收入;

(六)其他能够合理计算侵权商品价值的因素。

第七十九条 下列情形属于商标法第六十条规定的能证明该商品是自己合法取得的情形:

(一)有供货单位合法签章的供货清单和货款收据且经查证属实或者供货单位认可的;

(二)有供销双方签订的进货合同且经查证已真实履行的;

(三)有合法进货发票且发票记载事项与涉案商品对应的;

(四)其他能够证明合法取得涉案商品的情形。

第八十条 销售不知道是侵犯注册商标专用权的商品,能证明该商品是自己合法取得并说明提供者的,由工商行政管理部门责令停止销售,并将案件情况通报侵权商品提供者所在地工商行政管理部门。

第八十一条 涉案注册商标权属正在商标局、商标评审委员会审理或者人民法院诉讼中,案件结果可能影响案件定性的,属于商标法第六十二条第三款规定的商标权属存在争议。

第八十二条 在查处商标侵权案件过程中,工商行政管理部门可以要求权利人对涉案商品是否为权利人生产或者其许可生产的产品进行辨认。

第九章 商 标 代 理

第八十三条 商标法所称商标代理,是指接受委托人的委托,以委托人的名义办理商标注册申请、商标评审或者其他商标事宜。

第八十四条 商标法所称商标代理机构,包括经工商行政管理部门登记从事商标代理业务的服务机构和从事商标代理业务的律师事务所。

商标代理机构从事商标局、商标评审委员会主管的商标事宜代理业务的,应当按照下列规定向商标局备案:

(一)交验工商行政管理部门的登记证明文件或者司法行政部门批准设立律师事务所的证明文件并留存复印件;

(二)报送商标代理机构的名称、住所、负责人、联系方式等基本信息;

(三)报送商标代理从业人员名单及联系方式。

工商行政管理部门应当建立商标代理机构信用档案。商标代理机构违反商标法或者本条例规定的，由商标局或者商标评审委员会予以公开通报，并记入其信用档案。

第八十五条 商标法所称商标代理从业人员，是指在商标代理机构中从事商标代理业务的工作人员。

商标代理从业人员不得以个人名义自行接受委托。

第八十六条 商标代理机构向商标局、商标评审委员会提交的有关申请文件，应当加盖该代理机构公章并由相关商标代理从业人员签字。

第八十七条 商标代理机构申请注册或者受让其代理服务以外的其他商标，商标局不予受理。

第八十八条 下列行为属于商标法第六十八条第一款第二项规定的以其他不正当手段扰乱商标代理市场秩序的行为：

（一）以欺诈、虚假宣传、引人误解或者商业贿赂等方式招徕业务的；

（二）隐瞒事实，提供虚假证据，或者威胁、诱导他人隐瞒事实，提供虚假证据的；

（三）在同一商标案件中接受有利益冲突的双方当事人委托的。

第八十九条 商标代理机构有商标法第六十八条规定行为的，由行为人所在地或者违法行为发生地县级以上工商行政管理部门进行查处并将查处情况通报商标局。

第九十条 商标局、商标评审委员会依照商标法第六十八条规定停止受理商标代理机构办理商标代理业务的，可以作出停止受理该商标代理机构商标代理业务6个月以上直至永久停止受理的决定。停止受理商标代理业务的期间届满，商标局、商标评审委员会应当恢复受理。

商标局、商标评审委员会作出停止受理或者恢复受理商标代理的决定应当在其网站予以公告。

第九十一条 工商行政管理部门应当加强对商标代理行业组织的监督和指导。

第十章 附 则

第九十二条 连续使用至1993年7月1日的服务商标，与他人在相同或者类似的服务上已注册的服务商标相同或者近似的，可以继续使用；但是，

1993年7月1日后中断使用3年以上的,不得继续使用。

已连续使用至商标局首次受理新放开商品或者服务项目之日的商标,与他人在新放开商品或者服务项目相同或者类似的商品或者服务上已注册的商标相同或者近似的,可以继续使用;但是,首次受理之日后中断使用3年以上的,不得继续使用。

第九十三条 商标注册用商品和服务分类表,由商标局制定并公布。

申请商标注册或者办理其他商标事宜的文件格式,由商标局、商标评审委员会制定并公布。

商标评审委员会的评审规则由国务院工商行政管理部门制定并公布。

第九十四条 商标局设置《商标注册簿》,记载注册商标及有关注册事项。

第九十五条 《商标注册证》及相关证明是权利人享有注册商标专用权的凭证。《商标注册证》记载的注册事项,应当与《商标注册簿》一致;记载不一致的,除有证据证明《商标注册簿》确有错误外,以《商标注册簿》为准。

第九十六条 商标局发布《商标公告》,刊发商标注册及其他有关事项。

《商标公告》采用纸质或者电子形式发布。

除送达公告外,公告内容自发布之日起视为社会公众已经知道或者应当知道。

第九十七条 申请商标注册或者办理其他商标事宜,应当缴纳费用。缴纳费用的项目和标准,由国务院财政部门、国务院价格主管部门分别制定。

第九十八条 本条例自2014年5月1日起施行。

驰名商标认定和保护规定

(2014年7月3日国家工商行政管理总局令第66号公布)

第一条 为规范驰名商标认定工作,保护驰名商标持有人的合法权益,根据《中华人民共和国商标法》(以下简称商标法)、《中华人民共和国商标法实施条例》(以下简称实施条例),制定本规定。

第二条 驰名商标是在中国为相关公众所熟知的商标。

相关公众包括与使用商标所标示的某类商品或者服务有关的消费者,生产前述商品或者提供服务的其他经营者以及经销渠道中所涉及的销售者和相关人员等。

第三条 商标局、商标评审委员会根据当事人请求和审查、处理案件的需要,负责在商标注册审查、商标争议处理和工商行政管理部门查处商标违法案件过程中认定和保护驰名商标。

第四条 驰名商标认定遵循个案认定、被动保护的原则。

第五条 当事人依照商标法第三十三条规定向商标局提出异议,并依照商标法第十三条规定请求驰名商标保护的,可以向商标局提出驰名商标保护的书面请求并提交其商标构成驰名商标的证据材料。

第六条 当事人在商标不予注册复审案件和请求无效宣告案件中,依照商标法第十三条规定请求驰名商标保护的,可以向商标评审委员会提出驰名商标保护的书面请求并提交其商标构成驰名商标的证据材料。

第七条 涉及驰名商标保护的商标违法案件由市(地、州)级以上工商行政管理部门管辖。当事人请求工商行政管理部门查处商标违法行为,并依照商标法第十三条规定请求驰名商标保护的,可以向违法行为发生地的市(地、州)级以上工商行政管理部门进行投诉,并提出驰名商标保护的书面请求,提交证明其商标构成驰名商标的证据材料。

第八条 当事人请求驰名商标保护应当遵循诚实信用原则,并对事实及所提交的证据材料的真实性负责。

第九条 以下材料可以作为证明符合商标法第十四条第一款规定的证据材料:

(一)证明相关公众对该商标知晓程度的材料。

(二)证明该商标使用持续时间的材料,如该商标使用、注册的历史和范围的材料。该商标为未注册商标的,应当提供证明其使用持续时间不少于5年的材料。该商标为注册商标的,应当提供证明其注册时间不少于3年或者持续使用时间不少于5年的材料。

(三)证明该商标的任何宣传工作的持续时间、程度和地理范围的材料,如近3年广告宣传和促销活动的方式、地域范围、宣传媒体的种类以及广告投放量等材料。

(四)证明该商标曾在中国或者其他国家和地区作为驰名商标受保护的材料。

(五)证明该商标驰名的其他证据材料,如使用该商标的主要商品在近3年的销售收入、市场占有率、净利润、纳税额、销售区域等材料。

前款所称“3年”、“5年”,是指被提出异议的商标注册申请日期、被提出无效宣告请求的商标注册申请日期之前的3年、5年,以及在查处商标违法案件中提出驰名商标保护请求日期之前的3年、5年。

第十条 当事人依照本规定第五条、第六条规定提出驰名商标保护请求的,商标局、商标评审委员会应当在商标法第三十五条、第三十七条、第四十五条规定的期限内及时作出处理。

第十一条 当事人依照本规定第七条规定请求工商行政管理部门查处商标违法行为的,工商行政管理部门应当对投诉材料予以核查,依照《工商行政管理机关行政处罚程序规定》的有关规定决定是否立案。决定立案的,工商行政管理部门应当对当事人提交的驰名商标保护请求及相关证据材料是否符合商标法第十三条、第十四条、实施条例第三条和本规定第九条规定进行初步核实和审查。经初步核查符合规定的,应当自立案之日起30日内将驰名商标认定请示、案件材料副本一并报送上级工商行政管理部门。经审查不符合规定的,应当依照《工商行政管理机关行政处罚程序规定》的规定及时作出处理。

第十二条 省(自治区、直辖市)工商行政管理部门应当对本辖区内市(地、州)级工商行政管理部门报送的驰名商标认定相关材料是否符合商标法第十三条、第十四条、实施条例第三条和本规定第九条规定进行核实和审查。经核查符合规定的,应当自收到驰名商标认定相关材料之日起30日内,将驰名商标认定请示、案件材料副本一并报送商标局。经审查不符合规定的,应当将有关材料退回原立案机关,由其依照《工商行政管理机关行政处罚程序规定》的规定及时作出处理。

第十三条 商标局、商标评审委员会在认定驰名商标时,应当综合考虑商标法第十四条第一款和本规定第九条所列各项因素,但不以满足全部因素为前提。

商标局、商标评审委员会在认定驰名商标时,需要地方工商行政管理部门核实有关情况的,相关地方工商行政管理部门应当予以协助。

第十四条 商标局经对省(自治区、直辖市)工商行政管理部门报送的驰名商标认定相关材料进行审查,认定构成驰名商标的,应当向报送请示的省(自治区、直辖市)工商行政管理部门作出批复。

立案的工商行政管理部门应当自商标局作出认定批复后60日内依法予以处理,并将行政处罚决定书抄报所在省(自治区、直辖市)工商行政管理部门。省(自治区、直辖市)工商行政管理部门应当自收到抄报的行政处罚决定书之日起30日内将案件处理情况及行政处罚决定书副本报送商标局。

第十五条 各级工商行政管理部门在商标注册和管理工作中应当加强对驰名商标的保护,维护权利人和消费者合法权益。商标违法行为涉嫌犯罪的,应当将案件及时移送司法机关。

第十六条 商标注册审查、商标争议处理和工商行政管理部门查处商标违法案件过程中,当事人依照商标法第十三条规定请求驰名商标保护时,可以提供该商标曾在我国作为驰名商标受保护的记录。

当事人请求驰名商标保护的范围与已被作为驰名商标予以保护的范围基本相同,且对方当事人对该商标驰名无异议,或者虽有异议,但异议理由和提供的证据明显不足以支持该异议的,商标局、商标评审委员会、商标违法案件立案部门可以根据该保护记录,结合相关证据,给予该商标驰名商标保护。

第十七条 在商标违法案件中,当事人通过弄虚作假或者提供虚假证据材料等不正当手段骗取驰名商标保护的,由商标局撤销对涉案商标已作出的认定,并通知报送驰名商标认定请示的省(自治区、直辖市)工商行政管理部门。

第十八条 地方工商行政管理部门违反本规定第十一条、第十二条规定未履行对驰名商标认定相关材料进行核实和审查职责,或者违反本规定第十三条第二款规定未予以协助或者未履行核实职责,或者违反本规定第十四条第二款规定逾期未对商标违法案件作出处理或者逾期未报送处理情况的,由上一级工商行政管理部门予以通报,并责令其整改。

第十九条 各级工商行政管理部门应当建立健全驰名商标认定工作监督检查制度。

第二十条 参与驰名商标认定与保护相关工作的人员,玩忽职守、滥用职权、徇私舞弊,违法办理驰名商标认定有关事项,收受当事人财物,牟取不正当利益的,依照有关规定予以处理。

第二十一条 本规定自公布之日起30日后施行。2003年4月17日国家工商行政管理总局公布的《驰名商标认定和保护规定》同时废止。

商标评审规则

(1995年11月2日国家工商行政管理局令第37号公布 2002年9月17日国家工商行政管理总局令第3号第一次修订 2005年9月26日国家工商行政管理总局令第20号第二次修订 2014年5月28日国家工商行政管理总局令第65号第三次修订)

第一章 总 则

第一条 为规范商标评审程序,根据《中华人民共和国商标法》(以下简称商标法)和《中华人民共和国商标法实施条例》(以下简称实施条例),制定本规则。

第二条 根据商标法及实施条例的规定,国家工商行政管理总局商标评审委员会(以下简称商标评审委员会)负责处理下列商标评审案件:

(一)不服国家工商行政管理总局商标局(以下简称商标局)驳回商标注册申请决定,依照商标法第三十四条规定申请复审的案件;

(二)不服商标局不予注册决定,依照商标法第三十五条第三款规定申请复审的案件;

(三)对已经注册的商标,依照商标法第四十四条第一款、第四十五条第一款规定请求无效宣告的案件;

(四)不服商标局宣告注册商标无效决定,依照商标法第四十四条第二款规定申请复审的案件；

（五）不服商标局撤销或者不予撤销注册商标决定，依照商标法第五十四条规定申请复审的案件。

在商标评审程序中，前款第（一）项所指请求复审的商标统称为申请商标，第（二）项所指请求复审的商标统称为被异议商标，第（三）项所指请求无效宣告的商标统称为争议商标，第（四）、（五）项所指请求复审的商标统称为复审商标。本规则中，前述商标统称为评审商标。

第三条 当事人参加商标评审活动，可以以书面方式或者数据电文方式办理。

数据电文方式办理的具体办法由商标评审委员会另行制定。

第四条 商标评审委员会审理商标评审案件实行书面审理，但依照实施条例第六十条规定决定进行口头审理的除外。

口头审理的具体办法由商标评审委员会另行制定。

第五条 商标评审委员会根据商标法、实施条例和本规则做出的决定和裁定，应当以书面方式或者数据电文方式送达有关当事人，并说明理由。

第六条 除本规则另有规定外，商标评审委员会审理商标评审案件实行合议制度，由3名以上的单数商标评审人员组成合议组进行审理。

合议组审理案件，实行少数服从多数的原则。

第七条 当事人或者利害关系人依照实施条例第七条的规定申请商标评审人员回避的，应当以书面方式办理，并说明理由。

第八条 在商标评审期间，当事人有权依法处分自己的商标权和与商标评审有关的权利。在不损害社会公共利益、第三方权利的前提下，当事人之间可以自行或者经调解以书面方式达成和解。

对于当事人达成和解的案件，商标评审委员会可以结案，也可以做出决定或者裁定。

第九条 商标评审案件的共同申请人和共有商标的当事人办理商标评审事宜，应当依照实施条例第十六条第一款的规定确定一个代表人。

代表人参与评审的行为对其所代表的当事人发生效力，但代表人变更、放弃评审请求或者承认对方当事人评审请求的，应当有被代表的当事人书面授权。

商标评审委员会的文件应当送达代表人。

第十条　外国人或者外国企业办理商标评审事宜,在中国有经常居所或者营业所的,可以委托依法设立的商标代理机构办理,也可以直接办理;在中国没有经常居所或者营业所的,应当委托依法设立的商标代理机构办理。

第十一条　代理权限发生变更、代理关系解除或者变更代理人的,当事人应当及时书面告知商标评审委员会。

第十二条　当事人及其代理人可以申请查阅本案有关材料。

第二章　申请与受理

第十三条　申请商标评审,应当符合下列条件:

(一)申请人须有合法的主体资格;

(二)在法定期限内提出;

(三)属于商标评审委员会的评审范围;

(四)依法提交符合规定的申请书及有关材料;

(五)有明确的评审请求、事实、理由和法律依据;

(六)依法缴纳评审费用。

第十四条　申请商标评审,应当向商标评审委员会提交申请书;有被申请人的,应当按照被申请人的数量提交相应份数的副本;评审商标发生转让、移转、变更,已向商标局提出申请但是尚未核准公告的,当事人应当提供相应的证明文件;基于商标局的决定书申请复审的,还应当同时附送商标局的决定书。

第十五条　申请书应当载明下列事项:

(一)申请人的名称、通信地址、联系人和联系电话。评审申请有被申请人的,应当载明被申请人的名称和地址。委托商标代理机构办理商标评审事宜的,还应当载明商标代理机构的名称、地址、联系人和联系电话。

(二)评审商标及其申请号或者初步审定号、注册号和刊登该商标的《商标公告》的期号。

(三)明确的评审请求和所依据的事实、理由及法律依据。

第十六条　商标评审申请不符合本规则第十三条第(一)、(二)、(三)、(六)项规定条件之一的,商标评审委员会不予受理,书面通知申请人,并说明理由。

第十七条　商标评审申请不符合本规则第十三条第(四)、(五)项规定条件之一的,或者未按照实施条例和本规则规定提交有关证明文件的,或者有其他需要补正情形的,商标评审委员会应当向申请人发出补正通知,申请人应当自收到补正通知之日起30日内补正。

经补正仍不符合规定的,商标评审委员会不予受理,书面通知申请人,并说明理由。未在规定期限内补正的,依照实施条例第五十七条规定,视为申请人撤回评审申请,商标评审委员会应当书面通知申请人。

第十八条　商标评审申请经审查符合受理条件的,商标评审委员会应当在30日内向申请人发出《受理通知书》。

第十九条　商标评审委员会已经受理的商标评审申请,有下列情形之一的,属于不符合受理条件,应当依照实施条例第五十七条规定予以驳回:

(一)违反实施条例第六十二条规定,申请人撤回商标评审申请后,又以相同的事实和理由再次提出评审申请的;

(二)违反实施条例第六十二条规定,对商标评审委员会已经做出的裁定或者决定,以相同的事实和理由再次提出评审申请的;

(三)其他不符合受理条件的情形。

对经不予注册复审程序予以核准注册的商标提起宣告注册商标无效的,不受前款第(二)项规定限制。

商标评审委员会驳回商标评审申请,应当书面通知申请人,并说明理由。

第二十条　当事人参加评审活动,应当按照对方当事人的数量,提交相应份数的申请书、答辩书、意见书、质证意见及证据材料副本,副本内容应当与正本内容相同。不符合前述要求且经补正仍不符合要求的,依照本规则第十七条第二款的规定,不予受理评审申请,或者视为未提交相关材料。

第二十一条　评审申请有被申请人的,商标评审委员会受理后,应当及时将申请书副本及有关证据材料送达被申请人。被申请人应当自收到申请材料之日起30日内向商标评审委员会提交答辩书及其副本;未在规定期限内答辩的,不影响商标评审委员会的评审。

商标评审委员会审理不服商标局不予注册决定的复审案件,应当通知原异议人参加并提出意见。原异议人应当在收到申请材料之日起30日内向商标评审委员会提交意见书及其副本;未在规定期限内提出意见的,不影响案件审理。

第二十二条 被申请人参加答辩和原异议人参加不予注册复审程序应当有合法的主体资格。

商标评审答辩书、意见书及有关证据材料应当按照规定的格式和要求填写、提供。

不符合第二款规定或者有其他需要补正情形的,商标评审委员会向被申请人或者原异议人发出补正通知,被申请人或者原异议人应当自收到补正通知之日起 30 日内补正。经补正仍不符合规定或者未在法定期限内补正的,视为未答辩或者未提出意见,不影响商标评审委员会的评审。

第二十三条 当事人需要在提出评审申请或者答辩后补充有关证据材料的,应当在申请书或者答辩书中声明,并自提交申请书或者答辩书之日起 3 个月内一次性提交;未在申请书或者答辩书中声明或者期满未提交的,视为放弃补充证据材料。但是,在期满后生成或者当事人有其他正当理由未能在期满前提交的证据,在期满后提交的,商标评审委员会将证据交对方当事人并质证后可以采信。

对当事人在法定期限内提供的证据材料,有对方当事人的,商标评审委员会应当将该证据材料副本送达给对方当事人。当事人应当在收到证据材料副本之日起 30 日内进行质证。

第二十四条 当事人应当对其提交的证据材料逐一分类编号和制作目录清单,对证据材料的来源、待证的具体事实作简要说明,并签名盖章。

商标评审委员会收到当事人提交的证据材料后,应当按目录清单核对证据材料,并由经办人员在回执上签收,注明提交日期。

第二十五条 当事人名称或者通信地址等事项发生变更的,应当及时通知商标评审委员会,并依需要提供相应的证明文件。

第二十六条 在商标评审程序中,当事人的商标发生转让、移转的,受让人或者承继人应当及时以书面方式声明承受相关主体地位,参加后续评审程序并承担相应的评审后果。

未书面声明且不影响评审案件审理的,商标评审委员会可以将受让人或者承继人列为当事人做出决定或者裁定。

第三章 审 理

第二十七条 商标评审委员会审理商标评审案件实行合议制度。但有下列情形之一的案件,可以由商标评审人员一人独任评审:

(一)仅涉及商标法第三十条和第三十一条所指在先商标权利冲突的案件中,评审时权利冲突已消除的;

(二)被请求撤销或者无效宣告的商标已经丧失专用权的;

(三)依照本规则第三十二条规定应当予以结案的;

(四)其他可以独任评审的案件。

第二十八条 当事人或者利害关系人依照实施条例第七条和本规则第七条的规定对商标评审人员提出回避申请的,被申请回避的商标评审人员在商标评审委员会做出是否回避的决定前,应当暂停参与本案的审理工作。

商标评审委员会在做出决定、裁定后收到当事人或者利害关系人提出的回避申请的,不影响评审决定、裁定的有效性。但评审人员确实存在需要回避的情形的,商标评审委员会应当依法做出处理。

第二十九条 商标评审委员会审理商标评审案件,应当依照实施条例第五十二条、第五十三条、第五十四条、第五十五条、第五十六条的规定予以审理。

第三十条 经不予注册复审程序予以核准注册的商标,原异议人向商标评审委员会请求无效宣告的,商标评审委员会应当另行组成合议组进行审理。

第三十一条 依照商标法第三十五条第四款、第四十五条第三款和实施条例第十一条第(五)项的规定,需要等待在先权利案件审理结果的,商标评审委员会可以决定暂缓审理该商标评审案件。

第三十二条 有下列情形之一的,终止评审,予以结案:

(一)申请人死亡或者终止后没有继承人或者继承人放弃评审权利的;

(二)申请人撤回评审申请的;

(三)当事人自行或者经调解达成和解协议,可以结案的;

(四)其他应当终止评审的情形。

商标评审委员会予以结案,应当书面通知有关当事人,并说明理由。

第三十三条 合议组审理案件应当制作合议笔录，并由合议组成员签名。合议组成员有不同意见的，应当如实记入合议笔录。

经审理终结的案件，商标评审委员会依法做出决定、裁定。

第三十四条 商标评审委员会做出的决定、裁定应当载明下列内容：

（一）当事人的评审请求、争议的事实、理由和证据；

（二）决定或者裁定认定的事实、理由和适用的法律依据；

（三）决定或者裁定结论；

（四）可以供当事人选用的后续程序和时限；

（五）决定或者裁定做出的日期。

决定、裁定由合议组成员署名，加盖商标评审委员会印章。

第三十五条 对商标评审委员会做出的决定、裁定，当事人不服向人民法院起诉的，应当在向人民法院递交起诉状的同时或者至迟15日内将该起诉状副本抄送或者另行将起诉信息书面告知商标评审委员会。

除商标评审委员会做出的准予初步审定或者予以核准注册的决定外，商标评审委员会自发出决定、裁定之日起4个月内未收到来自人民法院应诉通知或者当事人提交的起诉状副本、书面起诉通知的，该决定、裁定移送商标局执行。

商标评审委员会自收到当事人提交的起诉状副本或者书面起诉通知之日起4个月内未收到来自人民法院应诉通知的，相关决定、裁定移送商标局执行。

第三十六条 在一审行政诉讼程序中，若因商标评审决定、裁定所引证的商标已经丧失在先权利导致决定、裁定事实认定、法律适用发生变化的，在原告撤诉的情况下，商标评审委员会可以撤回原决定或者裁定，并依据新的事实，重新做出商标评审决定或者裁定。

商标评审决定、裁定送达当事人后，商标评审委员会发现存在文字错误等非实质性错误的，可以向评审当事人发送更正通知书对错误内容进行更正。

第三十七条 商标评审决定、裁定经人民法院生效判决撤销的，商标评审委员会应当重新组成合议组，及时审理，并做出重审决定、裁定。

重审程序中，商标评审委员会对当事人新提出的评审请求和法律依据不列入重审范围；对当事人补充提交的足以影响案件审理结果的证据可以予以采信，有对方当事人的，应当送达对方当事人予以质证。

第四章　证据规则

第三十八条　当事人对自己提出的评审请求所依据的事实或者反驳对方评审请求所依据的事实有责任提供证据加以证明。

证据包括书证、物证、视听资料、电子数据、证人证言、鉴定意见、当事人的陈述等。

没有证据或者证据不足以证明当事人的事实主张的，由负有举证责任的当事人承担不利后果。

一方当事人对另一方当事人陈述的案件事实明确表示承认的，另一方当事人无需举证，但商标评审委员会认为确有必要举证的除外。

当事人委托代理人参加评审的，代理人的承认视为当事人的承认。但未经特别授权的代理人对事实的承认直接导致承认对方评审请求的除外；当事人在场但对其代理人的承认不作否认表示的，视为当事人的承认。

第三十九条　下列事实，当事人无需举证证明：

（一）众所周知的事实；

（二）自然规律及定理；

（三）根据法律规定或者已知事实和日常生活经验法则，能推定出的另一事实；

（四）已为人民法院发生法律效力的裁判所确认的事实；

（五）已为仲裁机构的生效裁决所确认的事实；

（六）已为有效公证文书所证明的事实。

前款（一）、（三）、（四）、（五）、（六）项，有相反证据足以推翻的除外。

第四十条　当事人向商标评审委员会提供书证的，应当提供原件，包括原本、正本和副本。提供原件有困难的，可以提供相应的复印件、照片、节录本；提供由有关部门保管的书证原件的复制件、影印件或者抄录件的，应当注明出处，经该部门核对无异后加盖其印章。

当事人向商标评审委员会提供物证的，应当提供原物。提供原物有困难的，可以提供相应的复制件或者证明该物证的照片、录像等其他证据；原物为数量较多的种类物的，可以提供其中的一部分。

一方当事人对另一方当事人所提书证、物证的复制件、照片、录像等存在怀疑并有相应证据支持的，或者商标评审委员会认为有必要的，被质疑的当事人应当提供或者出示有关证据的原件或者经公证的复印件。

第四十一条　当事人向商标评审委员会提供的证据系在中华人民共和国领域外形成，或者在香港、澳门、台湾地区形成，对方当事人对该证据的真实性存在怀疑并有相应证据支持的，或者商标评审委员会认为必要的，应当依照有关规定办理相应的公证认证手续。

第四十二条　当事人向商标评审委员会提供外文书证或者外文说明资料，应当附有中文译文。未提交中文译文的，该外文证据视为未提交。

对方当事人对译文具体内容有异议的，应当对有异议的部分提交中文译文。必要时，可以委托双方当事人认可的单位对全文，或者所使用或者有异议的部分进行翻译。

双方当事人对委托翻译达不成协议的，商标评审委员会可以指定专业翻译单位对全文，或者所使用的或者有异议的部分进行翻译。委托翻译所需费用由双方当事人各承担50%；拒绝支付翻译费用的，视为其承认对方提交的译文。

第四十三条　对单一证据有无证明力和证明力大小可以从下列方面进行审核认定：

（一）证据是否原件、原物，复印件、复制品与原件、原物是否相符；

（二）证据与本案事实是否相关；

（三）证据的形式、来源是否符合法律规定；

（四）证据的内容是否真实；

（五）证人或者提供证据的人，与当事人有无利害关系。

第四十四条　评审人员对案件的全部证据，应当从各证据与案件事实的关联程度、各证据之间的联系等方面进行综合审查判断。

有对方当事人的，未经交换质证的证据不应当予以采信。

第四十五条　下列证据不能单独作为认定案件事实的依据：

（一）未成年人所作的与其年龄和智力状况不相适应的证言；

（二）与一方当事人有亲属关系、隶属关系或者其他密切关系的证人所作的对该当事人有利的证言，或者与一方当事人有不利关系的证人所作的对该当事人不利的证言；

（三）应当参加口头审理作证而无正当理由不参加的证人证言；

（四）难以识别是否经过修改的视听资料；

（五）无法与原件、原物核对的复制件或者复制品；

（六）经一方当事人或者他人改动，对方当事人不予认可的证据材料；

（七）其他不能单独作为认定案件事实依据的证据材料。

第四十六条　一方当事人提出的下列证据，对方当事人提出异议但没有足以反驳的相反证据的，商标评审委员会应当确认其证明力：

（一）书证原件或者与书证原件核对无误的复印件、照片、副本、节录本；

（二）物证原物或者与物证原物核对无误的复制件、照片、录像资料等；

（三）有其他证据佐证并以合法手段取得的、无疑点的视听资料或者与视听资料核对无误的复制件。

第四十七条　一方当事人委托鉴定部门做出的鉴定结论，另一方当事人没有足以反驳的相反证据和理由的，可以确认其证明力。

第四十八条　一方当事人提出的证据，另一方当事人认可或者提出的相反证据不足以反驳的，商标评审委员会可以确认其证明力。

一方当事人提出的证据，另一方当事人有异议并提出反驳证据，对方当事人对反驳证据认可的，可以确认反驳证据的证明力。

第四十九条　双方当事人对同一事实分别举出相反的证据，但都没有足够的依据否定对方证据的，商标评审委员会应当结合案件情况，判断一方提供证据的证明力是否明显大于另一方提供证据的证明力，并对证明力较大的证据予以确认。

因证据的证明力无法判断导致争议事实难以认定的，商标评审委员会应当依据举证责任分配原则做出判断。

第五十条　评审程序中，当事人在申请书、答辩书、陈述及其委托代理人的代理词中承认的对己方不利的事实和认可的证据，商标评审委员会应当予以确认，但当事人反悔并有相反证据足以推翻的除外。

第五十一条　商标评审委员会就数个证据对同一事实的证明力，可以依照下列原则认定：

（一）国家机关以及其他职能部门依职权制作的公文文书优于其他书证；

（二）鉴定结论、档案材料以及经过公证或者登记的书证优于其他书证、视听资料和证人证言；

（三）原件、原物优于复制件、复制品；

（四）法定鉴定部门的鉴定结论优于其他鉴定部门的鉴定结论；

（五）原始证据优于传来证据；

（六）其他证人证言优于与当事人有亲属关系或者其他密切关系的证人提供的对该当事人有利的证言；

（七）参加口头审理作证的证人证言优于未参加口头审理作证的证人证言；

（八）数个种类不同、内容一致的证据优于一个孤立的证据。

第五章 期间、送达

第五十二条 期间包括法定期间和商标评审委员会指定的期间。期间应当依照实施条例第十二条的规定计算。

第五十三条 当事人向商标评审委员会提交的文件或者材料的日期，直接递交的，以递交日为准；邮寄的，以寄出的邮戳日为准；邮戳日不清晰或者没有邮戳的，以商标评审委员会实际收到日为准，但是当事人能够提出实际邮戳日证据的除外。通过邮政企业以外的快递企业递交的，以快递企业收寄日为准；收寄日不明确的，以商标评审委员会实际收到日为准，但是当事人能够提出实际收寄日证据的除外。以数据电文方式提交的，以进入商标评审委员会电子系统的日期为准。

当事人向商标评审委员会邮寄文件，应当使用给据邮件。

当事人向商标评审委员会提交文件，应当在文件中标明商标申请号或者注册号、申请人名称。提交的文件内容，以书面方式提交的，以商标评审委员会所存档案记录为准；以数据电文方式提交的，以商标评审委员会数据库记录为准，但是当事人确有证据证明商标评审委员会档案、数据库记录有错误的除外。

第五十四条 商标评审委员会的各种文件，可以通过邮寄、直接递交、数据电文或者其他方式送达当事人；以数据电文方式送达当事人的，应当经当事人同意。当事人委托商标代理机构的，文件送达商标代理机构视为送达当事人。

商标评审委员会向当事人送达各种文件的日期，邮寄的，以当事人收到的邮戳日为准；邮戳日不清晰或者没有邮戳的，自文件发出之日起满15日，视为送达当事人，但当事人能够证明实际收到日的除外；直接递交的，以递交日为准。以数据电文方式送达的，自文件发出之日满15日，视为送达当事人；文件通过上述方式无法送达的，可以通过公告方式送达当事人，自公告发布之日起满30日，该文件视为已经送达。

商标评审委员会向当事人邮寄送达文件被退回后通过公告送达的，后续文件均采取公告送达方式，但当事人在公告送达后明确告知通信地址的除外。

第五十五条 依照实施条例第五条第三款的规定，商标评审案件的被申请人或者原异议人是在中国没有经常居所或者营业所的外国人或者外国企业的，由该评审商标注册申请书中载明的国内接收人负责接收商标评审程序的有关法律文件；商标评审委员会将有关法律文件送达该国内接收人，视为送达当事人。

依照前款规定无法确定国内接收人的，由商标局原审程序中的或者最后一个申请办理该商标相关事宜的商标代理机构承担商标评审程序中有关法律文件的签收及转达义务；商标评审委员会将有关法律文件送达该商标代理机构。商标代理机构在有关法律文件送达之前已经与国外当事人解除商标代理关系的，应当以书面形式向商标评审委员会说明有关情况，并自收到文件之日起10日内将有关法律文件交回商标评审委员会，由商标评审委员会另行送达。

马德里国际注册商标涉及国际局转发相关书件的，应当提交相应的送达证据。未提交的，应当书面说明原因，自国际局发文之日起满15日视为送达。

上述方式无法送达的，公告送达。

第六章 附 则

第五十六条 从事商标评审工作的国家机关工作人员玩忽职守、滥用职权、徇私舞弊，违法办理商标评审事项，收受当事人财物，牟取不正当利益的，依法给予处分。

第五十七条 对于当事人不服商标局做出的驳回商标注册申请决定在2014年5月1日以前向商标评审委员会提出复审申请，商标评审委员会于2014年5月1日以后（含5月1日，下同）审理的案件，适用修改后的商标法。

对于当事人不服商标局做出的异议裁定在2014年5月1日以前向商标评审委员会提出复审申请，商标评审委员会于2014年5月1日以后审理的案件，当事人提出异议和复审的主体资格适用修改前的商标法，其他程序问题和实体问题适用修改后的商标法。

对于已经注册的商标，当事人在2014年5月1日以前向商标评审委员会提出争议和撤销复审申请，商标评审委员会于2014年5月1日以后审理的案件，相关程序问题适用修改后的商标法，实体问题适用修改前的商标法。

对于当事人在2014年5月1日以前向商标评审委员会提出申请的商标评审案件，应当自2014年5月1日起开始计算审理期限。

第五十八条 办理商标评审事宜的文书格式，由商标评审委员会制定并公布。

第五十九条 本规则由国家工商行政管理总局负责解释。

第六十条 本规则自2014年6月1日起施行。

集体商标、证明商标注册和管理办法

（2003年4月17日国家工商行政管理总局令第6号发布
自2003年6月1日起施行）

第一条 根据《中华人民共和国商标法》（以下简称商标法）第三条的规定，制定本办法。

第二条 集体商标、证明商标的注册和管理，依照商标法、《中华人民共和国商标法实施条例》（以下简称实施条例）和本办法的有关规定进行。

第三条 本办法有关商品的规定，适用于服务。

第四条 申请集体商标注册的，应当附送主体资格证明文件并应当详细说明该集体组织成员的名称和地址；以地理标志作为集体商标申请注册的，应当附送主体资格证明文件并应当详细说明其所具有的或者其委托的机构具有的专业技术人员、专业检测设备等情况，以表明其具有监督使用该地理标志商品的特定品质的能力。

申请以地理标志作为集体商标注册的团体、协会或者其他组织，应当由来自该地理标志标示的地区范围内的成员组成。

第五条 申请证明商标注册的，应当附送主体资格证明文件并应当详细说明其所具有的或者其委托的机构具有的专业技术人员、专业检测设备等情况，以表明其具有监督该证明商标所证明的特定商品品质的能力。

第六条 申请以地理标志作为集体商标、证明商标注册的，还应当附送管辖该地理标志所标示地区的人民政府或者行业主管部门的批准文件。

外国人或者外国企业申请以地理标志作为集体商标、证明商标注册的，申请人应当提供该地理标志以其名义在其原属国受法律保护的证明。

第七条 以地理标志作为集体商标、证明商标注册的，应当在申请书件中说明下列内容：

（一）该地理标志所标示的商品的特定质量、信誉或者其他特征；

（二）该商品的特定质量、信誉或者其他特征与该地理标志所标示的地区的自然因素和人文因素的关系；

（三）该地理标志所标示的地区的范围。

第八条 作为集体商标、证明商标申请注册的地理标志，可以是该地理标志标示地区的名称，也可以是能够标示某商品来源于该地区的其他可视性标志。

前款所称地区无需与该地区的现行行政区划名称、范围完全一致。

第九条 多个葡萄酒地理标志构成同音字或者同形字的，在这些地理标志能够彼此区分且不误导公众的情况下，每个地理标志都可以作为集体商标或者证明商标申请注册。

第十条 集体商标的使用管理规则应当包括：

（一）使用集体商标的宗旨；

（二）使用该集体商标的商品的品质；

（三）使用该集体商标的手续；

（四）使用该集体商标的权利、义务；

（五）成员违反其使用管理规则应当承担的责任；

（六）注册人对使用该集体商标商品的检验监督制度。

第十一条　证明商标的使用管理规则应当包括：

（一）使用证明商标的宗旨；

（二）该证明商标证明的商品的特定品质；

（三）使用该证明商标的条件；

（四）使用该证明商标的手续；

（五）使用该证明商标的权利、义务；

（六）使用人违反该使用管理规则应当承担的责任；

（七）注册人对使用该证明商标商品的检验监督制度。

第十二条　使用他人作为集体商标、证明商标注册的葡萄酒、烈性酒地理标志标示并非来源于该地理标志所标示地区的葡萄酒、烈性酒，即使同时标出了商品的真正来源地，或者使用的是翻译文字，或者伴有诸如某某“种”、某某“型”、某某“式”、某某“类”等表述的，适用商标法第十六条的规定。

第十三条　集体商标、证明商标的初步审定公告的内容，应当包括该商标的使用管理规则的全文或者摘要。

集体商标、证明商标注册人对使用管理规则的任何修改，应报经商标局审查核准，并自公告之日起生效。

第十四条　集体商标注册人的成员发生变化的，注册人应当向商标局申请变更注册事项，由商标局公告。

第十五条　证明商标注册人准许他人使用其商标的，注册人应当在一年内报商标局备案，由商标局公告。

第十六条　申请转让集体商标、证明商标的，受让人应当具备相应的主体资格，并符合商标法、实施条例和本办法的规定。

集体商标、证明商标发生移转的，权利继受人应当具备相应的主体资格，并符合商标法、实施条例和本办法的规定。

第十七条　集体商标注册人的集体成员，在履行该集体商标使用管理规则规定的手续后，可以使用该集体商标。

集体商标不得许可非集体成员使用。

第十八条　凡符合证明商标使用管理规则规定条件的，在履行该证明商标使用管理规则规定的手续后，可以使用该证明商标，注册人不得拒绝办理手续。

实施条例第六条第二款中的正当使用该地理标志是指正当使用该地理标志中的地名。

第十九条　使用集体商标的，注册人应发给使用人《集体商标使用证》；使用证明商标的，注册人应发给使用人《证明商标使用证》。

第二十条　证明商标的注册人不得在自己提供的商品上使用该证明商标。

第二十一条　集体商标、证明商标注册人没有对该商标的使用进行有效管理或者控制，致使该商标使用的商品达不到其使用管理规则的要求，对消费者造成损害的，由工商行政管理部门责令限期改正；拒不改正的，处以违法所得三倍以下的罚款，但最高不超过三万元；没有违法所得的，处以一万元以下的罚款。

第二十二条　违反实施条例第六条、本办法第十四条、第十五条、第十七条、第十八条、第二十条规定的，由工商行政管理部门责令限期改正；拒不改正的，处以违法所得三倍以下的罚款，但最高不超过三万元；没有违法所得的，处以一万元以下的罚款。

第二十三条　本办法自2003年6月1日起施行。国家工商行政管理局1994年12月30日发布的《集体商标、证明商标注册和管理办法》同时废止。

集体商标、证明商标注册和管理规定

（2023年12月29日国家知识产权局令第79号公布
自2024年2月1日起施行）

第一条　为了规范集体商标、证明商标的注册和使用管理，加强商标权益保护，维护社会公共利益，促进特色产业发展，根据《中华人民共和国商标法》（以下简称商标法）、《中华人民共和国商标法实施条例》（以下简称实施条例）的规定，制定本规定。

第二条　本规定有关商品的规定，适用于服务。

第三条　申请集体商标注册的，应当附送主体资格证明文件、集体成员的名称、地址和使用管理规则。

申请以地理标志作为集体商标注册的团体、协会或者其他组织，其成员应当来自该地理标志标示的地区范围内。

第四条　申请证明商标注册的，应当附送主体资格证明文件、使用管理规则和证明其具有的或者其委托机构具有的专业技术人员、专业检测设备等情况的证明材料，以表明其具有监督该证明商标所证明的特定商品品质的能力。

第五条　申请以地理标志作为证明商标、集体商标注册的，应当附送管辖该地理标志所标示地区的县级以上人民政府或者主管部门的批准文件。

以地理标志作为证明商标、集体商标注册的，应当在申请书件中说明下列内容：

（一）该地理标志所标示的商品的特定质量、信誉或者其他特征；

（二）该商品的特定质量、信誉或者其他特征主要由该地理标志所标示地区的自然因素或者人文因素所决定；

（三）该地理标志所标示的地区的范围。

申请以地理标志作为证明商标、集体商标注册的应当提交具有的或者其委托机构具有的专业技术人员、专业检测设备等情况的证明材料。

外国人或者外国企业申请以地理标志作为证明商标、集体商标注册的，申请人应当提供该地理标志以其名义在其原属国受法律保护的证明。

第六条　集体商标、证明商标的使用管理规则应当依法制定，对注册人、集体成员和使用人具有约束力，并包括下列内容：

（一）使用该集体商标或者证明商标的宗旨；

（二）使用该集体商标的商品的品质或者使用该证明商标证明的商品的原产地、原料、制造方法、质量或者其他特定品质等；

（三）使用该集体商标或者证明商标的手续；

（四）使用该集体商标或者证明商标的权利、义务；

(五)集体商标的集体成员或者证明商标的使用人违反其使用管理规则应当承担的责任;

(六)注册人对使用该集体商标或者证明商标商品的检验监督制度。

证明商标的使用管理规则还应当包括使用该证明商标的条件。

集体商标、证明商标使用管理规则应当进行公告。注册人修改使用管理规则的,应当提出变更申请,经国家知识产权局审查核准,并自公告之日起生效。

第七条 以地理标志作为证明商标、集体商标注册的,可以是该地理标志标示地区的名称,也可以是能够标示某商品来源于该地区的其他标志。

前款所称地区无需与该地区的现行行政区划名称、范围完全一致。

第八条 多个葡萄酒地理标志构成同音字或者同形字,但能够彼此区分且不误导公众的,每个地理标志都可以作为证明商标或者集体商标申请注册。

使用他人作为证明商标、集体商标注册的葡萄酒、烈性酒地理标志标示并非来源于该地理标志所标示地区的葡萄酒、烈性酒,即使同时标出了商品的真正来源地,或者使用的是翻译文字,或者伴有“种”“型”“式”“类”以及其他类似表述的,适用商标法第十六条的规定。

第九条 县级以上行政区划的地名或者公众知晓的地名作为组成部分申请注册集体商标、证明商标的,标志应当具有显著特征,便于识别;标志中含有商品名称的,指定商品应当与商标中的商品名称一致或者密切相关;商品的信誉与地名密切关联。但是损害社会公共利益的标志,不得注册。

地理标志作为证明商标、集体商标注册的,还应当依据本规定的有关规定办理。

第十条 申请人在其申请注册的集体商标、证明商标核准注册前,可以向国家知识产权局申请撤回该集体商标、证明商标的注册申请。

申请人撤回集体商标、证明商标注册申请的,应当注明申请人和商标注册申请号。经审查符合规定的,准予撤回。申请人名称不一致,或者商标注册申请已核准注册,或者已作出不予受理、驳回或者不予注册决定的,撤回申请不予核准。

第十一条 集体商标、证明商标注册人应当实施下列行为,履行商标管理职责,保证商品品质:

（一）按照使用管理规则准许集体成员使用集体商标，许可他人使用证明商标；

（二）及时公开集体成员、使用人信息、使用管理规则；

（三）检查集体成员、使用人的使用行为是否符合使用管理规则；

（四）检查使用集体商标、证明商标的商品是否符合使用管理规则的品质要求；

（五）及时取消不符合使用管理规则的集体成员、使用人的集体商标、证明商标使用资格，并履行变更、备案手续。

第十二条　为管理和运用集体商标、证明商标的需要，注册人可以向集体成员、使用人收取合理费用，收费金额、缴纳方式、缴纳期限应当基于公平合理原则协商确定并予以公开。

第十三条　集体商标注册人的成员发生变化的，注册人应当在3个月内向国家知识产权局申请变更注册事项，并由国家知识产权局公告。

证明商标注册人准许他人使用其商标的，注册人应当在许可后3个月内报国家知识产权局备案，并由国家知识产权局公告。

第十四条　申请转让集体商标、证明商标的，受让人应当具备相应的主体资格，并符合商标法、实施条例和本规定的规定。

集体商标、证明商标发生移转的，权利继受人应当具备相应的主体资格，并符合商标法、实施条例和本规定的规定。

第十五条　集体商标注册人的集体成员，在履行该集体商标使用管理规则规定的手续后，可以使用该集体商标。集体成员不得在不符合使用管理规则的商品上使用该集体商标。

集体商标注册人不得将该集体商标许可给非集体成员使用。

第十六条　凡符合证明商标使用管理规则规定条件的，在履行该证明商标使用管理规则规定的手续后，可以使用该证明商标，注册人不得拒绝办理手续。使用人不得在不符合使用管理规则的商品上使用该证明商标。

证明商标注册人不得在自己提供的商品上使用该证明商标。

第十七条　集体成员、使用人使用集体商标、证明商标时，应当保证使用的商品符合使用管理规则的品质要求。

集体成员、使用人可以将集体商标、证明商标与自己的注册商标同时使用。

地域范围外生产的商品不得使用作为证明商标、集体商标注册的地理标志。

第十八条　集体商标、证明商标注册人应当促进和规范商标使用，提升商标价值，维护商标信誉，推动特色产业发展。

第十九条　集体商标、证明商标注册人、集体成员、使用人应当加强品牌建设，履行下列职责：

（一）加强自律，建立产品溯源和监测机制，制定风险控制预案，维护商标品牌形象和信誉；

（二）鼓励采用或者制定满足市场需求的先进标准，树立良好的商标品牌形象；

（三）结合地方特色资源，挖掘商标品牌文化内涵，制定商标品牌建设发展计划，开展宣传推广，提升商标品牌价值。

第二十条　地方人民政府或者行业主管部门应当根据地方经济发展需要，合理配置公共资源，通过集体商标、证明商标加强区域品牌建设，促进相关市场主体协同发展。

地方知识产权管理部门应当支持区域品牌获得法律保护，指导集体商标、证明商标注册，加强使用管理，实行严格保护，提供公共服务，促进高质量发展。

第二十一条　国家知识产权局应当完整、准确、及时公布集体商标、证明商标注册信息，向社会公众提供信息查询服务。

第二十二条　对下列正当使用集体商标、证明商标中含有的地名的行为，注册商标专用权人无权禁止：

（一）在企业名称字号中使用；

（二）在配料表、包装袋等使用表明产品及其原料的产地；

（三）在商品上使用表明产地或者地域来源；

（四）在互联网平台或者店铺的商品详情、商品属性中客观表明地域来源；

（五）其他正当使用地名的行为。

前款所述正当使用集体商标、证明商标中含有的地名，应当以事实描述为目的且符合商业惯例，不得违反其他法律规定。

第二十三条　他人以事实描述方式在特色小吃、菜肴、菜单、橱窗展示、互联网商品详情展示等使用涉及餐饮类的集体商标、证明商标中的地名、商品名称等文字的，并且未导致误导公众的，属于正当使用行为，注册商标专用权人无权禁止。

第二十四条 实施条例第四条第二款中的正当使用该地理标志是指正当使用作为集体商标注册的地理标志中的地名、商品名称或者商品的通用名称，但不得擅自使用该集体商标。

第二十五条 有本规定第二十二条至第二十四条所述正当使用行为的，行为人不得恶意或者贬损集体商标、证明商标的信誉，扰乱市场竞争秩序，损害其注册人合法权益。

第二十六条 注册人怠于行使权利导致集体商标、证明商标成为核定使用的商品的通用名称或者没有正当理由连续3年不使用的，任何人可以根据商标法第四十九条申请撤销该注册商标。

第二十七条 对从事集体商标、证明商标注册和管理工作的人员以及其他依法履行公职的人员玩忽职守、滥用职权、徇私舞弊、弄虚作假、违法违纪办理商标注册、管理、保护等事项，收受当事人财物，牟取不正当利益，依法依纪给予处分；构成犯罪的，依法追究刑事责任。

第二十八条 本规定自2024年2月1日起施行。

商标代理监督管理规定

（2022年10月27日国家市场监督管理总局令第63号公布
自2022年12月1日起施行）

第一章 总 则

第一条 为了规范商标代理行为，提升商标代理服务质量，维护商标代理市场的正常秩序，促进商标代理行业健康发展，根据《中华人民共和国商标法》（以下简称商标法）、《中华人民共和国商标法实施条例》（以下简称商标法实施条例）以及其他有关法律法规，制定本规定。

第二条 商标代理机构接受委托人的委托，可以以委托人的名义在代理权限范围内依法办理以下事宜：

（一）商标注册申请；

（二）商标变更、续展、转让、注销；

（三）商标异议；

（四）商标撤销、无效宣告；

（五）商标复审、商标纠纷的处理；

（六）其他商标事宜。

本规定所称商标代理机构，包括经市场主体登记机关依法登记从事商标代理业务的服务机构和从事商标代理业务的律师事务所。

第三条 商标代理机构和商标代理从业人员应当遵守法律法规和国家有关规定，遵循诚实信用原则，恪守职业道德，规范从业行为，提升商标代理服务质量，维护委托人的合法权益和商标代理市场正常秩序。

本规定所称商标代理从业人员包括商标代理机构的负责人，以及受商标代理机构指派承办商标代理业务的本机构工作人员。

商标代理从业人员应当遵纪守法，有良好的信用状况，品行良好，熟悉商标法律法规，具备依法从事商标代理业务的能力。

第四条 商标代理行业组织是商标代理行业的自律性组织。

商标代理行业组织应当严格行业自律，依照章程规定，制定行业自律规范和惩戒规则，加强业务培训和职业道德、职业纪律教育，组织引导商标代理机构和商标代理从业人员依法规范从事代理业务，不断提高行业服务水平。

知识产权管理部门依法加强对商标代理行业组织的监督和指导，支持商标代理行业组织加强行业自律和规范。

鼓励商标代理机构、商标代理从业人员依法参加商标代理行业组织。

第二章 商标代理机构备案

第五条 商标代理机构从事国家知识产权局主管的商标事宜代理业务

的，应当依法及时向国家知识产权局备案。

商标代理机构备案的有效期为三年。有效期届满需要继续从事代理业务的，商标代理机构可以在有效期届满前六个月内办理延续备案。每次延续备案的有效期为三年，自原备案有效期满次日起计算。

第六条　商标代理机构的备案信息包括：

（一）营业执照或者律师事务所执业许可证；

（二）商标代理机构的名称、住所、联系方式、统一社会信用代码，负责人、非上市公司的股东、合伙人姓名；

（三）商标代理从业人员姓名、身份证件号码、联系方式；

（四）法律法规以及国家知识产权局规定应当提供的其他信息。

国家知识产权局能够通过政务信息共享平台获取的相关信息，不得要求商标代理机构重复提供。

第七条　商标代理机构备案信息发生变化的，应当自实际发生变化或者有关主管部门登记、批准之日起三十日内向国家知识产权局办理变更备案，并提交相应材料。

第八条　商标代理机构申请市场主体注销登记，备案有效期届满未办理延续或者自行决定不再从事商标代理业务，被撤销或者被吊销营业执照、律师事务所执业许可证，或者国家知识产权局决定永久停止受理其办理商标代理业务的，应当在妥善处理未办结的商标代理业务后，向国家知识产权局办理注销备案。

商标代理机构存在前款规定情形的，国家知识产权局应当在商标网上服务系统、商标代理系统中进行标注，并不再受理其提交的商标代理业务申请，但处理未办结商标代理业务的除外。

商标代理机构应当在申请市场主体注销登记或者自行决定不再从事商标代理业务前，或者自接到撤销、吊销决定书、永久停止受理其办理商标代理业务决定之日起三十日内，按照法律法规规定和合同约定妥善处理未办结的商标代理业务，通知委托人办理商标代理变更，或者经委托人同意与其他已经备案的商标代理机构签订业务移转协议。

第九条　商标代理机构提交的备案、变更备案、延续备案或者注销备案材料符合规定的，国家知识产权局应当及时予以办理，通知商标代理机构并依法向社会公示。

第三章 商标代理行为规范

第十条 商标代理机构从事商标代理业务不得采取欺诈、诱骗等不正当手段,不得损害国家利益、社会公共利益和他人合法权益。

商标代理机构不得以其法定代表人、股东、合伙人、实际控制人、高级管理人员、员工等的名义变相申请注册或者受让其代理服务以外的其他商标,也不得通过另行设立市场主体或者通过与其存在关联关系的市场主体等其他方式变相从事上述行为。

第十一条 商标代理机构应当积极履行管理职责,规范本机构商标代理从业人员职业行为,建立健全质量管理、利益冲突审查、恶意申请筛查、投诉处理、保密管理、人员管理、财务管理、档案管理等管理制度,对本机构商标代理从业人员遵守法律法规、行业规范等情况进行监督,发现问题及时予以纠正。

商标代理机构应当加强对本机构商标代理从业人员的职业道德和职业纪律教育,组织开展业务学习,为其参加业务培训和继续教育提供条件。

第十二条 商标代理机构应当在其住所或者经营场所醒目位置悬挂营业执照或者律师事务所执业许可证。

商标代理机构通过网络从事商标代理业务的,应当在其网站首页或者从事经营活动的主页面显著位置持续公示机构名称、经营场所、经营范围等营业执照或者律师事务所执业许可证记载的信息,以及其他商标代理业务备案信息等。

第十三条 商标代理机构从事商标代理业务,应当与委托人以书面形式签订商标代理委托合同,依法约定双方的权利义务以及其他事项。商标代理委托合同不得违反法律法规以及国家有关规定。

第十四条 商标代理机构接受委托办理商标代理业务,应当进行利益冲突审查,不得在同一案件中接受有利益冲突的双方当事人委托。

第十五条 商标代理机构应当按照委托人的要求依法办理商标注册申请或者其他商标事宜;在代理过程中应当遵守关于商业秘密和个人信息保护的有关规定。

委托人申请注册的商标可能存在商标法规定不得注册情形的,商标代理机构应当以书面通知等方式明确告知委托人。

商标代理机构知道或者应当知道委托人申请注册的商标属于商标法第四条、第十五条和第三十二条规定情形的，不得接受其委托。

商标代理机构应当严格履行代理职责，依据商标法第二十七条，对委托人所申报的事项和提供的商标注册申请或者办理其他商标事宜的材料进行核对，及时向委托人通报委托事项办理进展情况、送交法律文书和材料，无正当理由不得拖延。

第十六条 商标代理从业人员应当根据商标代理机构的指派承办商标代理业务，不得以个人名义自行接受委托。

商标代理从业人员不得同时在两个以上商标代理机构从事商标代理业务。

第十七条 商标代理机构向国家知识产权局提交的有关文件，应当加盖本代理机构公章并由相关商标代理从业人员签字。

商标代理机构和商标代理从业人员对其盖章和签字办理的商标代理业务负责。

第十八条 商标代理机构应当对所承办业务的案卷和有关材料及时立卷归档，妥善保管。

商标代理机构的记录应当真实、准确、完整。

第十九条 商标代理机构收费应当遵守相关法律法规，遵循自愿、公平、合理和诚实信用原则，兼顾经济效益和社会效益。

第四章 商标代理监管

第二十条 知识产权管理部门建立商标代理机构和商标代理从业人员信用档案。

国家知识产权局对信用档案信息进行归集整理，开展商标代理行业分级分类评价。地方知识产权管理部门、市场监督管理部门、商标代理行业组织应当协助做好信用档案信息的归集整理工作。

第二十一条 以下信息应当记入商标代理机构和商标代理从业人员信用档案：

（一）商标代理机构和商标代理从业人员受到行政处罚的信息；

（二）商标代理机构接受监督检查的信息；

（三）商标代理机构和商标代理从业人员加入商标代理行业组织信息，受到商标代理行业组织惩戒的信息；

（四）商标代理机构被列入经营异常名录或者严重违法失信名单的信息；

（五）其他可以反映商标代理机构信用状况的信息。

第二十二条 商标代理机构应当按照国家有关规定报送年度报告。

第二十三条 商标代理机构故意侵犯知识产权，提交恶意商标注册申请，损害社会公共利益，从事严重违法商标代理行为，性质恶劣、情节严重、社会危害较大，受到较重行政处罚的，按照《市场监督管理严重违法失信名单管理办法》等有关规定列入严重违法失信名单。

第二十四条 知识产权管理部门依法对商标代理机构和商标代理从业人员代理行为进行监督检查，可以依法查阅、复制有关材料，询问当事人或者其他与案件有关的单位和个人，要求当事人或者有关人员在一定期限内如实提供有关材料，以及采取其他合法必要合理的措施。商标代理机构和商标代理从业人员应当予以协助配合。

第二十五条 知识产权管理部门应当引导商标代理机构合法从事商标代理业务，提升服务质量。

对存在商标代理违法违规行为的商标代理机构或者商标代理从业人员，知识产权管理部门可以依职责对其进行约谈、提出意见，督促其及时整改。

第二十六条 知识产权管理部门负责商标代理等信息的发布和公示工作，健全与市场监督管理部门之间的信息共享、查处情况通报、业务指导等协同配合机制。

第五章 商标代理违法行为的处理

第二十七条 有下列情形之一的，属于商标法第六十八条第一款第一项规定的办理商标事宜过程中，伪造、变造或者使用伪造、变造的法律文件、印章、签名的行为：

（一）伪造、变造国家机关公文、印章的；

（二）伪造、变造国家机关之外其他单位的法律文件、印章的；

（三）伪造、变造签名的；

（四）知道或者应当知道属于伪造、变造的公文、法律文件、印章、签名，仍然使用的；

（五）其他伪造、变造或者使用伪造、变造的法律文件、印章、签名的情形。

第二十八条 有下列情形之一的，属于以诋毁其他商标代理机构等手段招徕商标代理业务的行为：

（一）编造、传播虚假信息或者误导性信息，损害其他商标代理机构商业声誉的；

（二）教唆、帮助他人编造、传播虚假信息或者误导性信息，损害其他商标代理机构商业声誉的；

（三）其他以诋毁其他商标代理机构等手段招徕商标代理业务的情形。

第二十九条 有下列情形之一的，属于商标法第六十八条第一款第二项规定的以其他不正当手段扰乱商标代理市场秩序的行为：

（一）知道或者应当知道委托人以欺骗手段或者其他不正当手段申请注册，或者利用突发事件、公众人物、舆论热点等信息，恶意申请注册有害于社会主义道德风尚或者有其他不良影响的商标，仍接受委托的；

（二）向从事商标注册和管理工作的人员进行贿赂或者利益输送，或者违反规定获取尚未公开的商标注册相关信息、请托转递涉案材料等，牟取不正当利益的；

（三）违反法律法规和国家有关从业限制的规定，聘用曾从事商标注册和管理工作的人员，经知识产权管理部门告知后，拖延或者拒绝纠正其聘用行为的；

（四）代理不同的委托人申请注册相同或者类似商品或者服务上的相同商标的，申请时在先商标已经无效的除外；

（五）知道或者应当知道转让商标属于恶意申请的注册商标，仍帮助恶意注册人办理转让的；

（六）假冒国家机关官方网站、邮箱、电话等或者以国家机关工作人员的名义提供虚假信息误导公众，或者向委托人提供商标业务相关材料或者收取费用牟取不正当利益的；

（七）知道或者应当知道委托人滥用商标权仍接受委托，或者指使商标权利人滥用商标权牟取不正当利益的；

（八）知道或者应当知道委托人使用的是伪造、变造、编造的虚假商标材料，仍帮助委托人提交，或者与委托人恶意串通制作、提交虚假商标申请等材料的；

（九）虚构事实向主管部门举报其他商标代理机构的；

（十）为排挤竞争对手，以低于成本的价格提供服务的；

（十一）其他以不正当手段扰乱商标代理市场秩序的情形。

第三十条 有下列情形之一的，属于商标法第十九条第三款、第四款规定的行为：

（一）曾经代理委托人申请注册商标或者办理异议、无效宣告以及复审事宜，委托人商标因违反商标法第四条、第十五条或者第三十二条规定，被国家知识产权局生效的决定或者裁定驳回申请、不予核准注册或者宣告无效，仍代理其在同一种或者类似商品上再次提交相同或者近似商标注册申请的；

（二）曾经代理委托人办理其他商标业务，知悉委托人商标存在违反商标法第四条、第十五条或者第三十二条规定的情形，仍接受委托的；

（三）违反本规定第十条第二款规定的；

（四）其他属于商标法第十九条第三款、第四款规定的情形。

第三十一条 有下列情形之一的，属于以欺诈、虚假宣传、引人误解或者商业贿赂等方式招徕业务的行为：

（一）与他人恶意串通或者虚构事实，诱骗委托人委托其办理商标事宜的；

（二）以承诺结果、夸大自身代理业务成功率等形式误导委托人的；

（三）伪造或者变造荣誉、资质资格，欺骗、误导公众的；

（四）以盗窃、贿赂、欺诈、胁迫或者其他不正当手段获取商标信息，或者披露、使用、允许他人使用以前述手段获取的商标信息，以谋取交易机会的；

（五）明示或者暗示可以通过非正常方式加速办理商标事宜，或者提高办理商标事宜成功率，误导委托人的；

（六）以给予财物或者其他手段贿赂单位或者个人，以谋取交易机会的；

（七）其他以不正当手段招徕商标代理业务的情形。

第三十二条 有下列情形之一的,属于商标法实施条例第八十八条第三项规定的在同一商标案件中接受有利益冲突的双方当事人委托的行为:

(一)在商标异议、撤销、宣告无效案件或者复审、诉讼程序中接受双方当事人委托的;

(二)曾代理委托人申请商标注册,又代理其他人对同一商标提出商标异议、撤销、宣告无效申请的;

(三)其他在同一案件中接受有利益冲突的双方当事人委托的情形。

第三十三条 商标代理机构通过网络从事商标代理业务,有下列行为之一的,《中华人民共和国反垄断法》《中华人民共和国反不正当竞争法》《中华人民共和国价格法》《中华人民共和国广告法》等法律法规有规定的,从其规定;没有规定的,由市场监督管理部门给予警告,可以处五万元以下罚款;情节严重的,处五万元以上十万元以下罚款:

(一)利用其客户资源、平台数据以及其他经营者对其在商标代理服务上的依赖程度等因素,恶意排挤竞争对手的;

(二)通过编造用户评价、伪造业务量等方式进行虚假或者引人误解的商业宣传,欺骗、误导委托人的;

(三)通过电子侵入、擅自外挂插件等方式,影响商标网上服务系统、商标代理系统等正常运行的;

(四)通过网络展示具有重大不良影响商标的;

(五)其他通过网络实施的违法商标代理行为。

第三十四条 市场监督管理部门依据商标法第六十八条规定对商标代理机构的违法行为进行查处后,依照有关规定将查处情况通报国家知识产权局。国家知识产权局收到通报,或者发现商标代理机构存在商标法第六十八条第一款行为,情节严重的,可以依法作出停止受理其办理商标代理业务六个月以上直至永久停止受理的决定,并予公告。

因商标代理违法行为,两年内受到三次以上行政处罚的,属于前款规定情节严重的情形。

商标代理机构被停止受理商标代理业务的,在停止受理业务期间,或者未按照本规定第八条第三款规定妥善处理未办结商标代理业务的,该商标代理机构负责人、直接责任人员以及负有管理责任的股东、合伙人不得在商标代理机构新任负责人、股东、合伙人。

第三十五条　国家知识产权局作出的停止受理商标代理机构办理商标代理业务决定有期限的，期限届满并且已改正违法行为的，恢复受理该商标代理机构业务，并予公告。

第三十六条　从事商标代理业务的商标代理机构，未依法办理备案、变更备案、延续备案或者注销备案，未妥善处理未办结的商标代理业务，或者违反本规定第十五条第四款规定，损害委托人利益或者扰乱商标代理市场秩序的，由国家知识产权局予以通报，并记入商标代理机构信用档案。

商标代理机构有前款所述情形的，由市场监督管理部门责令限期改正；期满不改正的，给予警告，情节严重的，处十万元以下罚款。

第三十七条　知识产权管理部门应当健全内部监督制度，对从事商标注册和管理工作的人员执行法律法规和遵守纪律的情况加强监督检查。

从事商标注册和管理工作的人员必须秉公执法，廉洁自律，忠于职守，文明服务，不得从事商标代理业务或者违反规定从事、参与营利性活动。从事商标注册和管理工作的人员离职后的从业限制，依照或者参照《中华人民共和国公务员法》等法律法规和国家有关规定执行。

第三十八条　从事商标注册和管理工作的人员玩忽职守、滥用职权、徇私舞弊，违法办理商标注册事项和其他商标事宜，收受商标代理机构或者商标代理从业人员财物，牟取不正当利益的，应当依法进行处理；构成犯罪的，依法追究刑事责任。

第三十九条　知识产权管理部门对违法违纪行为涉及的商标，应当依据商标法以及相关法律法规严格审查和监督管理，并及时处理。

第四十条　法律法规对商标代理机构经营活动违法行为的处理另有规定的，从其规定。

第四十一条　律师事务所和律师从事商标代理业务除遵守法律法规和本规定外，还应当遵守国家其他有关规定。

第四十二条　除本规定第二条规定的商标代理机构外，其他机构或者个人违反本规定从事商标代理业务或者与商标代理业务有关的其他活动，参照本规定处理。

第四十三条　本规定自2022年12月1日起施行。

规范商标申请注册行为若干规定

（2019 年 10 月 11 日国家市场监督管理总局令第 17 号公布
自 2019 年 12 月 1 日起施行）

第一条 为了规范商标申请注册行为，规制恶意商标申请，维护商标注册管理秩序，保护社会公共利益，根据《中华人民共和国商标法》（以下简称商标法）和《中华人民共和国商标法实施条例》（以下简称商标法实施条例），制定本规定。

第二条 申请商标注册，应当遵守法律、行政法规和部门规章的规定，具有取得商标专用权的实际需要。

第三条 申请商标注册应当遵循诚实信用原则。不得有下列行为：

（一）属于商标法第四条规定的不以使用为目的恶意申请商标注册的；

（二）属于商标法第十三条规定，复制、摹仿或者翻译他人驰名商标的；

（三）属于商标法第十五条规定，代理人、代表人未经授权申请注册被代理人或者被代表人商标的；基于合同、业务往来关系或者其他关系明知他人在先使用的商标存在而申请注册该商标的；

（四）属于商标法第三十二条规定，损害他人现有的在先权利或者以不正当手段抢先注册他人已经使用并有一定影响的商标的；

（五）以欺骗或者其他不正当手段申请商标注册的；

（六）其他违反诚实信用原则，违背公序良俗，或者有其他不良影响的。

第四条 商标代理机构应当遵循诚实信用原则。知道或者应当知道委托人申请商标注册属于下列情形之一的，不得接受其委托：

（一）属于商标法第四条规定的不以使用为目的恶意申请商标注册的；

（二）属于商标法第十五条规定的；

（三）属于商标法第三十二条规定的。

商标代理机构除对其代理服务申请商标注册外，不得申请注册其他商标，不得以不正当手段扰乱商标代理市场秩序。

第五条 对申请注册的商标，商标注册部门发现属于违反商标法第四条规定的不以使用为目的的恶意商标注册申请，应当依法驳回，不予公告。

具体审查规程由商标注册部门根据商标法和商标法实施条例另行制定。

第六条 对初步审定公告的商标，在公告期内，因违反本规定的理由被提出异议的，商标注册部门经审查认为异议理由成立，应当依法作出不予注册决定。

对申请驳回复审和不予注册复审的商标，商标注册部门经审理认为属于违反本规定情形的，应当依法作出驳回或者不予注册的决定。

第七条 对已注册的商标，因违反本规定的理由，在法定期限内被提出宣告注册商标无效申请的，商标注册部门经审理认为宣告无效理由成立，应当依法作出宣告注册商标无效的裁定。

对已注册的商标，商标注册部门发现属于违反本规定情形的，应当依据商标法第四十四条规定，宣告该注册商标无效。

第八条 商标注册部门在判断商标注册申请是否属于违反商标法第四条规定时，可以综合考虑以下因素：

（一）申请人或者与其存在关联关系的自然人、法人、其他组织申请注册商标数量、指定使用的类别、商标交易情况等；

（二）申请人所在行业、经营状况等；

（三）申请人被已生效的行政决定或者裁定、司法判决认定曾从事商标恶意注册行为、侵犯他人注册商标专用权行为的情况；

（四）申请注册的商标与他人有一定知名度的商标相同或者近似的情况；

（五）申请注册的商标与知名人物姓名、企业字号、企业名称简称或者其他商业标识等相同或者近似的情况；

（六）商标注册部门认为应当考虑的其他因素。

第九条 商标转让情况不影响商标注册部门对违反本规定第三条情形的认定。

第十条 注册商标没有正当理由连续三年不使用的，任何单位或者个人可以向商标注册部门申请撤销该注册商标。商标注册部门受理后应当通知商标注册人,限其自收到通知之日起两个月内提交该商标在撤销申请提出前使用的证据材料或者说明不使用的正当理由;期满未提供使用的证据材料或者证据材料无效并没有正当理由的,由商标注册部门撤销其注册商标。

第十一条 商标注册部门作出本规定第五条、第六条、第七条所述决定或者裁定后,予以公布。

第十二条 对违反本规定第三条恶意申请商标注册的申请人,依据商标法第六十八条第四款的规定,由申请人所在地或者违法行为发生地县级以上市场监督管理部门根据情节给予警告、罚款等行政处罚。有违法所得的,可以处违法所得三倍最高不超过三万元的罚款;没有违法所得的,可以处一万元以下的罚款。

第十三条 对违反本规定第四条的商标代理机构,依据商标法第六十八条的规定,由行为人所在地或者违法行为发生地县级以上市场监督管理部门责令限期改正,给予警告,处一万元以上十万元以下的罚款;对直接负责的主管人员和其他直接责任人员给予警告,处五千元以上五万元以下的罚款;构成犯罪的,依法追究刑事责任。情节严重的,知识产权管理部门可以决定停止受理该商标代理机构办理商标代理业务,予以公告。

第十四条 作出行政处罚决定的政府部门应当依法将处罚信息通过国家企业信用信息公示系统向社会公示。

第十五条 对违反本规定第四条的商标代理机构,由知识产权管理部门对其负责人进行整改约谈。

第十六条 知识产权管理部门、市场监督管理部门应当积极引导申请人依法申请商标注册、商标代理机构依法从事商标代理业务,规范生产经营活动中使用注册商标的行为。

知识产权管理部门应当进一步畅通商标申请渠道、优化商标注册流程,提升商标公共服务水平,为申请人直接申请注册商标提供便利化服务。

第十七条 知识产权管理部门应当健全内部监督制度,对从事商标注册工作的国家机关工作人员执行法律、行政法规和遵守纪律的情况加强监督检查。

从事商标注册工作的国家机关工作人员玩忽职守、滥用职权、徇私舞弊,违法办理商标注册事项,收受当事人财物,牟取不正当利益的,应当依法给予处分;构成犯罪的,依法追究刑事责任。

第十八条　商标代理行业组织应当完善行业自律规范，加强行业自律，对违反行业自律规范的会员实行惩戒，并及时向社会公布。

第十九条　本规定自2019年12月1日起施行。

商标印制管理办法

（1996年9月5日国家工商行政管理局令第57号公布　1998年12月3日国家工商行政管理局令第86号第一次修订　2004年8月19日国家工商行政管理总局令第15号第二次修订　2020年10月23日国家市场监督管理总局令第31号第三次修订）

第一条　为了加强商标印制管理，保护注册商标专用权，维护社会主义市场经济秩序，根据《中华人民共和国商标法》、《中华人民共和国商标法实施条例》（以下分别简称《商标法》、《商标法实施条例》）的有关规定，制定本办法。

第二条　以印刷、印染、制版、刻字、织字、晒蚀、印铁、铸模、冲压、烫印、贴花等方式制作商标标识的，应当遵守本办法。

第三条　商标印制委托人委托商标印制单位印制商标的，应当出示营业执照副本或者合法的营业证明或者身份证明。

第四条　商标印制委托人委托印制注册商标的，应当出示《商标注册证》，并另行提供一份复印件。

签订商标使用许可合同使用他人注册商标，被许可人需印制商标的，还应当出示商标使用许可合同文本并提供一份复印件；商标注册人单独授权被许可人印制商标的，还应当出示授权书并提供一份复印件。

第五条　委托印制注册商标的，商标印制委托人提供的有关证明文件及商标图样应当符合下列要求：

（一）所印制的商标样稿应当与《商标注册证》上的商标图样相同；

（二）被许可人印制商标标识的，应有明确的授权书，或其所提供的《商标使用许可合同》含有许可人允许其印制商标标识的内容；

（三）被许可人的商标标识样稿应当标明被许可人的企业名称和地址；其注册标记的使用符合《商标法实施条例》的有关规定。

第六条 委托印制未注册商标的，商标印制委托人提供的商标图样应当符合下列要求：

（一）所印制的商标不得违反《商标法》第十条的规定；

（二）所印制的商标不得标注“注册商标”字样或者使用注册标记。

第七条 商标印制单位应当对商标印制委托人提供的证明文件和商标图样进行核查。

商标印制委托人未提供本办法第三条、第四条所规定的证明文件，或者其要求印制的商标标识不符合本办法第五条、第六条规定的，商标印制单位不得承接印制。

第八条 商标印制单位承印符合本办法规定的商标印制业务的，商标印制业务管理人员应当按照要求填写《商标印制业务登记表》，载明商标印制委托人所提供的证明文件的主要内容，《商标印制业务登记表》中的图样应当由商标印制单位业务主管人员加盖骑缝章。

商标标识印制完毕，商标印制单位应当在 15 天内提取标识样品，连同《商标印制业务登记表》、《商标注册证》复印件、商标使用许可合同复印件、商标印制授权书复印件等一并造册存档。

第九条 商标印制单位应当建立商标标识出入库制度，商标标识出入库应当登记台帐。废次标识应当集中进行销毁，不得流入社会。

第十条 商标印制档案及商标标识出入库台帐应当存档备查，存查期为两年。

第十一条 商标印制单位违反本办法第七条至第十条规定的，由所在地市场监督管理部门责令其限期改正，并视其情节予以警告，处以非法所得额三倍以下的罚款，但最高不超过三万元，没有违法所得的，可以处以一万元以下的罚款。

第十二条 擅自设立商标印刷企业或者擅自从事商标印刷经营活动的，由所在地或者行为地市场监督管理部门依照《印刷业管理条例》的有关规定予以处理。

第十三条　商标印制单位违反第七条规定承接印制业务，且印制的商标与他人注册商标相同或者近似的，属于《商标法实施条例》第七十五条所述的商标侵权行为，由所在地或者行为地市场监督管理部门依《商标法》的有关规定予以处理。

第十四条　商标印制单位的违法行为构成犯罪的，所在地或者行为地市场监督管理部门应及时将案件移送司法机关追究刑事责任。

第十五条　本办法所称"商标印制"是指印刷、制作商标标识的行为。

本办法所称"商标标识"是指与商品配套一同进入流通领域的带有商标的有形载体，包括注册商标标识和未注册商标标识。

本办法所称"商标印制委托人"是指要求印制商标标识的商标注册人、未注册商标使用人、注册商标被许可使用人以及符合《商标法》规定的其他商标使用人。

本办法所称"商标印制单位"是指依法登记从事商标印制业务的企业和个体工商户。

本办法所称《商标注册证》包括国家知识产权局所发的有关变更、续展、转让等证明文件。

第十六条　本办法自2004年9月1日起施行。国家工商行政管理局1996年9月5日发布的《商标印制管理办法》同时废止。

商标使用许可合同备案办法

（1997年8月1日国家工商行政管理总局商标局发布
商标〔1997〕39号）

第一条　为了加强对商标使用许可合同的管理，规范商标使用许可行为，根据《中华人民共和国商标法》及《中华人民共和国商标法实施细则》的有关规定，制订本办法。

第二条 商标注册人许可他人使用其注册商标，必须签订商标使用许可合同。

第三条 订立商标使用许可合同，应当遵循自愿和诚实信用的原则。

任何单位和个人不得利用许可合同从事违法活动，损害社会公共利益和消费者权益。

第四条 商标使用许可合同自签订之日起三个月内，许可人应当将许可合同副本报送商标局备案。

第五条 向商标局办理商标使用许可合同备案事宜的，可以委托国家工商行政管理局认可的商标代理组织代理，也可以直接到商标局办理。

许可人是外国人或者外国企业的，应当委托国家工商行政管理局指定的商标代理组织代理。

第六条 商标使用许可合同至少应当包括下列内容：

（一）许可使用的商标及其注册证号；

（二）许可使用的商品范围；

（三）许可使用期限；

（四）许可使用商标的标识提供方式；

（五）许可人对被许可人使用其注册商标的商品质量进行监督的条款；

（六）在使用许可人注册商标的商品上标明被许可人的名称和商品产地的条款。

第七条 申请商标使用许可合同备案，应当提交下列书件：

（一）商标使用许可合同备案表；

（二）商标使用许可合同副本；

（三）许可使用商标的注册证复印件。

人用药品商标使用许可合同备案，应当同时附送被许可人取得的卫生行政管理部门的有效证明文件。

卷烟、雪茄烟和有包装烟丝的商标使用许可合同备案，应当同时附送被许可人取得的国家烟草主管部门批准生产的有效证明文件。

外文书件应当同时附送中文译本。

第八条 商标注册人通过被许可人许可第三方使用其注册商标的，其商标使用许可合同中应当含有允许被许可人许可第三方使用的内容或者出具相应的授权书。

第九条 申请商标使用许可合同备案,应当按照许可使用的商标数量填报商标使用许可合同备案表,并附送相应的使用许可合同副本及《商标注册证》复印件。

通过一份合同许可一个被许可人使用多个商标的,许可人应当按照商标数量报送商标使用许可合同备案表及《商标注册证》复印件,但可以只报送一份使用许可合同副本。

第十条 申请商标使用许可合同备案,许可人应当按照许可使用的商标数量缴纳备案费。

缴纳备案费可以采取直接向商标局缴纳的方式,也可以采取委托商标代理组织缴纳的方式。具体收费标准依照有关商标业务收费的规定执行。

第十一条 有下列情形之一的,商标局不予备案:

(一)许可人不是被许可商标的注册人的;

(二)许可使用的商标与注册商标不一致的;

(三)许可使用商标的注册证号与所提供商标注册证号不符的;

(四)许可使用的期限超过该注册商标的有效期限的;

(五)许可使用的商品超出了该注册商标核定使用的商品范围的;

(六)商标使用许可合同缺少本办法第六条所列内容的;

(七)备案申请缺少本办法第七条所列书件的;

(八)未缴纳商标使用许可合同备案费的;

(九)备案申请中的外文书件未附中文译本的;

(十)其他不予备案的情形。

第十二条 商标使用许可合同备案书件齐备,符合《商标法》及《商标法实施细则》有关规定的,商标局予以备案。

已备案的商标使用许可合同,由商标局向备案申请人发出备案通知书,并集中刊登在每月第2期《商标公告》上。

第十三条 不符合备案要求的,商标局予以退回并说明理由。

许可人应当自收到退回备案材料之日起一个月内,按照商标局指定的内容补正再报送备案。

第十四条 有下列情形之一的,应当重新申请商标使用许可合同备案:

（一）许可使用的商品范围变更的；

（二）许可使用的期限变更的；

（三）许可使用的商标所有权发生转移的；

（四）其他应当重新申请备案的情形。

第十五条 有下列情形之一的，许可人和被许可人应当书面通知商标局及其各自所在地县级工商行政管理机关：

（一）许可人名义变更的；

（二）被许可人名义变更的；

（三）商标使用许可合同提前终止的；

（四）其他需要通知的情形。

第十六条 对以欺骗手段或者其他不正当手段取得备案的，由商标局注销其商标使用许可合同备案并予以公告。

第十七条 对已备案的商标使用许可合同，任何单位和个人均可以提出书面查询申请，并按照有关规定交纳查询费。

第十八条 按照《商标法实施细则》第三十五条的规定，许可人和被许可人应当在许可合同签订之日起三个月内，将许可合同副本交送其所在地工商行政管理机关存查，具体存查办法可以参照本办法执行。

第十九条 县级以上工商行政管理机关依据《商标法》及其他法律、法规和规章的规定，负责对商标使用许可行为的指导、监督和管理。

第二十条 利用商标使用许可合同从事违法活动的，由县级以上工商行政管理机关依据《商标法》及其他法律、法规和规章的规定处理；构成犯罪的，依法追究刑事责任。

第二十一条 本办法所称商标许可人是指商标使用许可合同中许可他人使用其注册商标的人，商标被许可人是指符合《商标法》及《商标法实施细则》有关规定并经商标注册人授权使用其商标的人。

本办法有关商品商标的规定，适用于业务商标。

第二十二条 商标使用许可合同示范文本由商标局制定并公布。

第二十三条 本办法自发布之日起施行。商标局 1985 年 2 月 25 日颁发的《商标使用许可合同备案注意事项》同时废止。

附件1：

商标使用许可合同
（示范文本）

合同编号：

签订地点：

商标使用许可人（甲方）：________________

商标使用被许可人（乙方）：______________

根据《中华人民共和国商标法》第二十六条和《商标法实施细则》第三十五条规定，甲、乙双方遵循自愿和诚实信用的原则，经协商一致，签订本商标使用许可合同。

一、甲方将已注册的使用在____类____商品上的第____号____商标，许可乙方使用在____类____商品上。

商标标识：

二、许可使用的期限自________年____月____日起至________年____月____日止。合同期满，如需延长使用时间，由甲、乙双方另行续订商标使用许可合同。

三、甲方有权监督乙方使用注册商标的商品质量，乙方应当保证使用该注册商标的商品质量。具体措施为：____。

四、乙方必须在使用该注册商标的商品上标明自己的企业名称和商品产地。

五、乙方不得任意改变甲方注册商标的文字、图形或者其组合，并不得超越许可的商品范围使用甲方的注册商标。

六、未经甲方授权，乙方不得以任何形式和理由将甲方注册商标许可第三方使用。

七、注册商标标识的提供方式：

八、许可使用费及支付方式：

九、本合同提前终止时，甲、乙双方应当分别自终止之日起一个月内书面通知商标局及其各自所在地县级工商行政管理机关。

十、违约责任：

十一、纠纷解决方式：

十二、其他事宜：

本合同一式____份，自签订之日起三个月内，由甲、乙双方分别将合同副本交送所在地县级工商行政管理机关存查，并由甲方报送商标局备案。

商标使用许可人（甲方）	商标使用被许可人（乙方）
（签章）	（签章）
法定代表人	法定代表人
地址	地址
邮编	邮编

年　　月　　日

附件2：

国家工商行政管理局商标局
商标使用许可合同备案通知书

标合同备案字〔　　〕号

________：

根据《中华人民共和国商标法》及《中华人民共和国商标法实施细则》有关规定，你（　　　）于________年____月____日报送我局的许可________使用的第____号____商标使用许可合同副本，经审查，我局予以备案。

商标使用许可合同备案号为__________。

特此通知。

（商标局章）

年　　月　　日

商标侵权判断标准

（2020年6月15日国家知识产权局公布
国知发保字〔2020〕23号）

第一条 为加强商标执法指导工作，统一执法标准，提升执法水平，强化商标专用权保护，根据《中华人民共和国商标法》（以下简称商标法）、《中华人民共和国商标法实施条例》（以下简称商标法实施条例）以及相关法律法规、部门规章，制定本标准。

第二条 商标执法相关部门在处理、查处商标侵权案件时适用本标准。

第三条 判断是否构成商标侵权，一般需要判断涉嫌侵权行为是否构成商标法意义上的商标的使用。

商标的使用，是指将商标用于商品、商品包装、容器、服务场所以及交易文书上，或者将商标用于广告宣传、展览以及其他商业活动中，用以识别商品或者服务来源的行为。

第四条 商标用于商品、商品包装、容器以及商品交易文书上的具体表现形式包括但不限于：

（一）采取直接贴附、刻印、烙印或者编织等方式将商标附着在商品、商品包装、容器、标签等上，或者使用在商品附加标牌、产品说明书、介绍手册、价目表等上；

（二）商标使用在与商品销售有联系的交易文书上，包括商品销售合同、发票、票据、收据、商品进出口检验检疫证明、报关单据等。

第五条 商标用于服务场所以及服务交易文书上的具体表现形式包括但不限于：

（一）商标直接使用于服务场所，包括介绍手册、工作人员服饰、招贴、菜单、价目表、名片、奖券、办公文具、信笺以及其他提供服务所使用的相关物品上；

（二）商标使用于和服务有联系的文件资料上，如发票、票据、收据、汇款单据、服务协议、维修维护证明等。

第六条　商标用于广告宣传、展览以及其他商业活动中的具体表现形式包括但不限于：

（一）商标使用在广播、电视、电影、互联网等媒体中，或者使用在公开发行的出版物上，或者使用在广告牌、邮寄广告或者其他广告载体上；

（二）商标在展览会、博览会上使用，包括在展览会、博览会上提供的使用商标的印刷品、展台照片、参展证明及其他资料；

（三）商标使用在网站、即时通讯工具、社交网络平台、应用程序等载体上；

（四）商标使用在二维码等信息载体上；

（五）商标使用在店铺招牌、店堂装饰装潢上。

第七条　判断是否为商标的使用应当综合考虑使用人的主观意图、使用方式、宣传方式、行业惯例、消费者认知等因素。

第八条　未经商标注册人许可的情形包括未获得许可或者超出许可的商品或者服务的类别、期限、数量等。

第九条　同一种商品是指涉嫌侵权人实际生产销售的商品名称与他人注册商标核定使用的商品名称相同的商品，或者二者商品名称不同但在功能、用途、主要原料、生产部门、消费对象、销售渠道等方面相同或者基本相同，相关公众一般认为是同种商品。

同一种服务是指涉嫌侵权人实际提供的服务名称与他人注册商标核定使用的服务名称相同的服务，或者二者服务名称不同但在服务的目的、内容、方式、提供者、对象、场所等方面相同或者基本相同，相关公众一般认为是同种服务。

核定使用的商品或者服务名称是指国家知识产权局在商标注册工作中对商品或者服务使用的名称，包括《类似商品和服务区分表》（以下简称区分表）中列出的商品或者服务名称和未在区分表中列出但在商标注册中接受的商品或者服务名称。

第十条　类似商品是指在功能、用途、主要原料、生产部门、消费对象、销售渠道等方面具有一定共同性的商品。

类似服务是指在服务的目的、内容、方式、提供者、对象、场所等方面具有一定共同性的服务。

第十一条 判断是否属于同一种商品或者同一种服务、类似商品或者类似服务,应当在权利人注册商标核定使用的商品或者服务与涉嫌侵权的商品或者服务之间进行比对。

第十二条 判断涉嫌侵权的商品或者服务与他人注册商标核定使用的商品或者服务是否构成同一种商品或者同一种服务、类似商品或者类似服务,参照现行区分表进行认定。

对于区分表未涵盖的商品,应当基于相关公众的一般认识,综合考虑商品的功能、用途、主要原料、生产部门、消费对象、销售渠道等因素认定是否构成同一种或者类似商品;

对于区分表未涵盖的服务,应当基于相关公众的一般认识,综合考虑服务的目的、内容、方式、提供者、对象、场所等因素认定是否构成同一种或者类似服务。

第十三条 与注册商标相同的商标是指涉嫌侵权的商标与他人注册商标完全相同,以及虽有不同但视觉效果或者声音商标的听觉感知基本无差别、相关公众难以分辨的商标。

第十四条 涉嫌侵权的商标与他人注册商标相比较,可以认定与注册商标相同的情形包括:

(一)文字商标有下列情形之一的:

1. 文字构成、排列顺序均相同的;

2. 改变注册商标的字体、字母大小写、文字横竖排列,与注册商标之间基本无差别的;

3. 改变注册商标的文字、字母、数字等之间的间距,与注册商标之间基本无差别的;

4. 改变注册商标颜色,不影响体现注册商标显著特征的;

5. 在注册商标上仅增加商品通用名称、图形、型号等缺乏显著特征内容,不影响体现注册商标显著特征的;

(二)图形商标在构图要素、表现形式等视觉上基本无差别的;

(三)文字图形组合商标的文字构成、图形外观及其排列组合方式相同,商标在整体视觉上基本无差别的；

（四）立体商标中的显著三维标志和显著平面要素相同，或者基本无差别的；

（五）颜色组合商标中组合的颜色和排列的方式相同，或者基本无差别的；

（六）声音商标的听觉感知和整体音乐形象相同，或者基本无差别的；

（七）其他与注册商标在视觉效果或者听觉感知上基本无差别的。

第十五条 与注册商标近似的商标是指涉嫌侵权的商标与他人注册商标相比较，文字商标的字形、读音、含义近似，或者图形商标的构图、着色、外形近似，或者文字图形组合商标的整体排列组合方式和外形近似，或者立体商标的三维标志的形状和外形近似，或者颜色组合商标的颜色或者组合近似，或者声音商标的听觉感知或者整体音乐形象近似等。

第十六条 涉嫌侵权的商标与他人注册商标是否构成近似，参照现行《商标审查及审理标准》关于商标近似的规定进行判断。

第十七条 判断商标是否相同或者近似，应当在权利人的注册商标与涉嫌侵权商标之间进行比对。

第十八条 判断与注册商标相同或者近似的商标时，应当以相关公众的一般注意力和认知力为标准，采用隔离观察、整体比对和主要部分比对的方法进行认定。

第十九条 在商标侵权判断中，在同一种商品或者同一种服务上使用近似商标，或者在类似商品或者类似服务上使用相同、近似商标的情形下，还应当对是否容易导致混淆进行判断。

第二十条 商标法规定的容易导致混淆包括以下情形：

（一）足以使相关公众认为涉案商品或者服务是由注册商标权利人生产或者提供；

（二）足以使相关公众认为涉案商品或者服务的提供者与注册商标权利人存在投资、许可、加盟或者合作等关系。

第二十一条 商标执法相关部门判断是否容易导致混淆，应当综合考量以下因素以及各因素之间的相互影响：

（一）商标的近似情况；

（二）商品或者服务的类似情况；

（三）注册商标的显著性和知名度；

（四）商品或者服务的特点及商标使用的方式；

（五）相关公众的注意和认知程度；

（六）其他相关因素。

第二十二条　自行改变注册商标或者将多件注册商标组合使用，与他人在同一种商品或者服务上的注册商标相同的，属于商标法第五十七条第一项规定的商标侵权行为。

自行改变注册商标或者将多件注册商标组合使用，与他人在同一种或者类似商品或者服务上的注册商标近似、容易导致混淆的，属于商标法第五十七条第二项规定的商标侵权行为。

第二十三条　在同一种商品或者服务上，将企业名称中的字号突出使用，与他人注册商标相同的，属于商标法第五十七条第一项规定的商标侵权行为。

在同一种或者类似商品或者服务上，将企业名称中的字号突出使用，与他人注册商标近似、容易导致混淆的，属于商标法第五十七条第二项规定的商标侵权行为。

第二十四条　不指定颜色的注册商标，可以自由附着颜色，但以攀附为目的附着颜色，与他人在同一种或者类似商品或者服务上的注册商标近似、容易导致混淆的，属于商标法第五十七条第二项规定的商标侵权行为。

注册商标知名度较高，涉嫌侵权人与注册商标权利人处于同一行业或者具有较大关联性的行业，且无正当理由使用与注册商标相同或者近似标志的，应当认定涉嫌侵权人具有攀附意图。

第二十五条　在包工包料的加工承揽经营活动中，承揽人使用侵犯注册商标专用权商品的，属于商标法第五十七条第三项规定的商标侵权行为。

第二十六条　经营者在销售商品时，附赠侵犯注册商标专用权商品的，属于商标法第五十七条第三项规定的商标侵权行为。

第二十七条　有下列情形之一的，不属于商标法第六十条第二款规定的“销售不知道是侵犯注册商标专用权的商品”：

（一）进货渠道不符合商业惯例，且价格明显低于市场价格的；

（二）拒不提供账目、销售记录等会计凭证，或者会计凭证弄虚作假的；

（三）案发后转移、销毁物证，或者提供虚假证明、虚假情况的；

（四）类似违法情形受到处理后再犯的；

（五）其他可以认定当事人明知或者应知的。

第二十八条 商标法第六十条第二款规定的“说明提供者”是指涉嫌侵权人主动提供供货商的名称、经营地址、联系方式等准确信息或者线索。

对于因涉嫌侵权人提供虚假或者无法核实的信息导致不能找到提供者的，不视为“说明提供者”。

第二十九条 涉嫌侵权人属于商标法第六十条第二款规定的销售不知道是侵犯注册商标专用权的商品的，对其侵权商品责令停止销售，对供货商立案查处或者将案件线索移送具有管辖权的商标执法相关部门查处。

对责令停止销售的侵权商品，侵权人再次销售的，应当依法查处。

第三十条 市场主办方、展会主办方、柜台出租人、电子商务平台等经营者怠于履行管理职责，明知或者应知市场内经营者、参展方、柜台承租人、平台内电子商务经营者实施商标侵权行为而不予制止的；或者虽然不知情，但经商标执法相关部门通知或者商标权利人持生效的行政、司法文书告知后，仍未采取必要措施制止商标侵权行为的，属于商标法第五十七条第六项规定的商标侵权行为。

第三十一条 将与他人注册商标相同或者相近似的文字注册为域名，并且通过该域名进行相关商品或者服务交易的电子商务，容易使相关公众产生误认的，属于商标法第五十七条第七项规定的商标侵权行为。

第三十二条 在查处商标侵权案件时，应当保护合法在先权利。

以外观设计专利权、作品著作权抗辩他人注册商标专用权的，若注册商标的申请日先于外观设计专利申请日或者有证据证明的该著作权作品创作完成日，商标执法相关部门可以对商标侵权案件进行查处。

第三十三条 商标法第五十九条第三款规定的“有一定影响的商标”是指在国内在先使用并为一定范围内相关公众所知晓的未注册商标。

有一定影响的商标的认定，应当考虑该商标的持续使用时间、销售量、经营额、广告宣传等因素进行综合判断。

使用人有下列情形的，不视为在原使用范围内继续使用：

（一）增加该商标使用的具体商品或者服务；

（二）改变该商标的图形、文字、色彩、结构、书写方式等内容，但以与他人注册商标相区别为目的而进行的改变除外；

(三)超出原使用范围的其他情形。

第三十四条 商标法第六十条第二款规定的"五年内实施两次以上商标侵权行为"指同一当事人被商标执法相关部门、人民法院认定侵犯他人注册商标专用权的行政处罚或者判决生效之日起,五年内又实施商标侵权行为的。

第三十五条 正在国家知识产权局审理或者人民法院诉讼中的下列案件,可以适用商标法第六十二条第三款关于"中止"的规定:

(一)注册商标处于无效宣告中的;

(二)注册商标处于续展宽展期的;

(三)注册商标权属存在其他争议情形的。

第三十六条 在查处商标侵权案件过程中,商标执法相关部门可以要求权利人对涉案商品是否为权利人生产或者其许可生产的商品出具书面辨认意见。权利人应当对其辨认意见承担相应法律责任。

商标执法相关部门应当审查辨认人出具辨认意见的主体资格及辨认意见的真实性。涉嫌侵权人无相反证据推翻该辨认意见的,商标执法相关部门将该辨认意见作为证据予以采纳。

第三十七条 本标准由国家知识产权局负责解释。

第三十八条 本标准自公布之日起施行。

商标一般违法判断标准

(2021 年 12 月 13 日国家知识产权局发布
国知发保字〔2021〕34 号 自 2022 年 1 月 1 日起施行)

第一条 为了加强商标管理,强化商标执法业务指导,统一执法标准,根据《中华人民共和国商标法》(以下简称《商标法》)、《中华人民共和国商标法实施条例》(以下简称《商标法实施条例》)以及相关法律法规、部门规章,制定本标准。

第二条 负责商标执法的部门查处商标一般违法行为适用本标准。

第三条 本标准所称的商标一般违法行为是指违反商标管理秩序的行为。

有下列行为之一的,均属商标一般违法:

(一)违反《商标法》第六条规定,必须使用注册商标而未使用的;

(二)违反《商标法》第十条规定,使用不得作为商标使用的标志的;

(三)违反《商标法》第十四条第五款规定,在商业活动中使用"驰名商标"字样的;

(四)违反《商标法》第四十三条第二款规定,商标被许可人未标明其名称和商品产地的;

(五)违反《商标法》第四十九条第一款规定,商标注册人在使用注册商标的过程中,自行改变注册商标、注册人名义、地址或者其他注册事项的;

(六)违反《商标法》第五十二条规定,将未注册商标冒充注册商标使用的;

(七)违反《商标法实施条例》第四条第二款和《集体商标、证明商标注册和管理办法》第十四条、第十五条、第十七条、第十八条、第二十条、第二十一条规定,未履行集体商标、证明商标管理义务的;

(八)违反《商标印制管理办法》第七条至第十条规定,未履行商标印制管理义务的;

(九)违反《规范商标申请注册行为若干规定》第三条规定,恶意申请商标注册的;

(十)其他违反商标管理秩序的。

第四条 根据《商标法》第六条、《中华人民共和国烟草专卖法》第十九条、《中华人民共和国烟草专卖法实施条例》第二十二条和第六十五条规定,卷烟、雪茄烟、有包装的烟丝以及电子烟等新型烟草制品必须使用注册商标,未在中国核准注册的,不得在中国生产、销售。

在中国销售的进口卷烟、雪茄烟、有包装的烟丝以及电子烟等新型烟草制品,必须使用在中国核准注册的商标。

第五条 使用的未注册商标是否违反《商标法》第十条规定,一般以中国境内公众的通常认识作为判断标准。

但有合理充分的理由证明中国境内特定公众认为使用的未注册商标违反了该条第一款第六项至八项规定的除外。

第六条 使用的未注册商标是否构成《商标法》第十条第一款规定的相同或者近似,参照《商标审查审理指南》进行判断。

第七条 《商标法》第十条第一款第六项规定的带有民族歧视性,是指使用未注册商标的文字、图形或者其他构成要素带有对特定民族进行丑化、贬低或者其他不平等看待该民族的内容。

第八条 《商标法》第十条第一款第七项规定的带有欺骗性,是指商标对其使用商品或者服务的质量等特点或者产地作了超过其固有程度或者与事实不符的表示,易使公众对商品或者服务的质量等特点或者产地产生错误的认识。

但公众基于日常生活经验等不会对商品或者服务的质量等特点或者产地产生误认的除外。

第九条 使用的未注册商标有下列情形之一的,均属《商标法》第十条第一款第七项规定的带有欺骗性:

(一)易使公众对商品或者服务的质量、主要原料、功能、用途、重量、数量以及其他特点产生误认的;

(二)易使公众对商品或者服务的产地产生误认的;

(三)其他对使用商品或者服务的质量等特点或者产地作了超过其固有程度或者与事实不符的表示、易使公众产生误认的。

第十条 《商标法》第十条第一款第八项规定的有害于社会主义道德风尚,是指损害中国公众共同生活及其行为的准则、规范以及在一定时期内社会上流行的良好风气和习惯。

第十一条 《商标法》第十条第一款第八项规定的其他不良影响,是指标志的文字、图形或者其他构成要素具有贬损含义,或者该标志本身虽无贬损含义但作为商标使用,易对中国政治、经济、文化、宗教、民族等社会公共利益和公共秩序产生消极、负面的影响。

第十二条 使用的未注册商标有下列情形之一的,均属《商标法》第十条第一款第八项规定的其他不良影响:

(一)对国家安全、国家统一有危害的;

(二)对国家主权、尊严、形象有损害的;

（三）有害于民族、种族尊严或者感情的；

（四）有害于宗教信仰、宗教感情或者民间信仰的；

（五）与恐怖主义组织、邪教组织名称相同或者近似的；

（六）与突发公共事件特有名称相同或者近似的；

（七）商标或者其构成要素与政治、经济、文化、宗教、民族等公众人物的姓名、肖像等相同或者近似，对社会公共利益和公共秩序产生消极、负面影响的；

（八）其他对公共利益和公共秩序产生消极、负面影响的。

第十三条　判断使用的未注册商标是否有害于社会主义道德风尚或者有其他不良影响，应当综合考量以下因素以及各因素之间的相互影响：

（一）该商标使用时的政治背景、社会背景、历史背景、文化传统、民族风俗、宗教政策等；

（二）该商标的构成要素以及其使用的商品或者服务；

（三）使用人的主观意图、使用方式以及使用行为所产生的社会影响等。

公众日常生活经验，或者辞典、工具书等记载，或者相关公众的通常认识，可以作为有害于社会主义道德风尚或者有其他不良影响的判断依据。

第十四条　使用的未注册商标具有多种含义，其中某一含义易使公众认为其属于《商标法》第十条第一款第六项至八项规定情形的，可以认定违反该款规定。

第十五条　国家知识产权局认定商标注册申请违反《商标法》第十条规定且相关决定、裁定生效后，商标申请人或者他人继续使用该商标的，负责商标执法的部门依法查处。

第十六条　负责商标执法的部门发现已经注册的商标涉嫌违反《商标法》第十条规定的，应当逐级报告国家知识产权局，由国家知识产权局按照规定程序依法处理。国家知识产权局作出宣告注册商标无效的决定生效后，商标注册人或者他人继续使用该商标的，负责商标执法的部门应当依法查处。

第十七条　违反《商标法》第十四条第五款规定的，应综合考虑违法行为的情节、危害后果、主观过错等因素，依照《商标法》第五十三条和《中华人民共和国行政处罚法》第三十三条规定处理。

第十八条　《商标法》第四十九条第一款所称自行改变注册商标，是指商标注册人擅自对注册商标的文字、图形、字母、数字、三维标志、颜色组合、声音等构成要素作局部改动或者变换相对位置，影响对该注册商标的认知或者识别，仍标明“注册商标”或者注册标记的。

第十九条 将卷烟整体包装作为商标注册的，其按照国家有关规定加注警语、修改警语内容和警语区面积造成卷烟商标改变并使用的行为，不视为违反《商标法》第四十九条第一款的规定。

第二十条 有下列情形之一的，均属《商标法》第四十九条第一款规定的自行改变商标注册事项：

（一）商标注册人名义（姓名或者名称）发生变化后，未依法向国家知识产权局提出变更申请的；

（二）商标注册人地址发生变化后，未依法向国家知识产权局提出变更申请，或者商标注册人实际地址与《商标注册簿》上记载的地址不一致的；

（三）除商标注册人名义、地址之外的其他注册事项发生变化后，商标注册人未依法向国家知识产权局提出变更申请的。

第二十一条 商标注册人自行改变注册商标、注册人名义、地址或者其他注册事项，由负责商标执法的部门责令限期改正；期满不改正的，负责商标执法的部门逐级报告国家知识产权局，由国家知识产权局按照规定程序依法处理。

第二十二条 《商标法》第五十二条所称的冒充注册商标，是指在使用未注册商标的商品、商品包装、容器、服务场所以及交易文书上或者在广告宣传、展览以及其他商业活动中，标明“注册商标”，或者在未注册商标上标注注册标记，或者在未注册商标上标注与注册标记近似的符号，误导相关公众的。

第二十三条 商标注册人或者使用人有下列行为之一的，均属《商标法》第五十二条规定的冒充注册商标：

（一）使用未向国家知识产权局提出注册申请的商标且标明“注册商标”或者标注注册标记的；

（二）使用向国家知识产权局提出注册申请但被驳回或者尚未核准注册的商标且标明“注册商标”或者标注注册标记的；

（三）注册商标被撤销、被宣告无效、因期满未续展被注销或者申请注销被核准后，继续标明“注册商标”或者标注注册标记的，但在注册商标失效前已进入流通领域的商品除外；

（四）超出注册商标核定使用的商品或者服务而使用该商标且标明“注册商标”或者标注注册标记的；

（五）改变注册商标的显著特征后仍标明“注册商标”或者标注注册标记的；

（六）组合使用两件以上注册商标且标注注册标记，但未按照注册商标逐一标注注册标记的；

（七）标明“注册商标”或者标注注册标记的进口商品，该商标未在中国注册且未声明的。

商标注册人或者使用人的上述行为，同时构成《商标法》第五十七条规定的侵犯他人注册商标专用权的，负责商标执法的部门应当依照《商标法》第六十条第二款规定查处；涉嫌犯罪的，应当及时移送司法机关依法处理。

第二十四条 商标注册人应当监督被许可人合法使用其注册商标。商标注册人明知或者应知被许可人存在自行改变注册商标、注册人名义、地址或者其他注册事项而不及时制止的，商标注册人承担自行改变注册商标的法律责任。

第二十五条 集体商标、证明商标注册人违反《商标法实施条例》第四条第二款和《集体商标、证明商标注册和管理办法》第十四条、第十五条、第十七条、第十八条、第二十条规定的，由负责商标执法的部门按照《集体商标、证明商标注册和管理办法》第二十二条规定处理。

第二十六条 非集体成员生产的商品符合地理标志条件的，其可以正当使用该地理标志中的地名，但无权使用该作为地理标志注册的集体商标标识。

第二十七条 集体商标注册人有下列情形之一的，均属《集体商标、证明商标注册和管理办法》第二十一条规定的没有对该商标的使用进行有效管理或者控制：

（一）违反该集体商标使用管理规则的成员未承担责任的；

（二）使用该集体商标商品的检验监督制度未有效运行的；

（三）其他没有对该商标的使用进行有效管理或者控制的。

第二十八条 证明商标注册人有下列情形之一的，均属《集体商标、证明商标注册和管理办法》第二十一条规定的没有对该商标的使用进行有效管理或者控制：

（一）违反该证明商标使用管理规则的使用人未承担责任的；

（二）使用该证明商标商品的检验监督制度未有效运行的；

（三）其他没有对该商标的使用进行有效管理或者控制的。

第二十九条　《印刷业管理条例》、《商标印制管理办法》所称的商标标识，是指与商品配套一同进入流通领域的带有商标的有形载体，包括注册商标标识和未注册商标标识。

商标标识一般独立于被标志的商品，不具有该商品的功能。

第三十条　商标印制，是指印刷、制作商标标识的行为。

以印染、冲压等方式直接在商品、商品零部件、商品的主要原材料（不含商品的包装物）上标注商标图文的，属于商品生产加工行为，一般不属于前款所称的商标印制。

第三十一条　商标印制单位承印标注"注册商标"字样或者注册标记的商标标识，应当按照《商标印制管理办法》第三条、第四条、第五条、第七条的规定，核查《商标注册证》等证明文件和承印商标是否与《商标注册证》核准注册的商标一致，以及该注册商标是否有效。未履行上述审核义务的，负责商标执法的部门应当依法查处。

第三十二条　商标印制单位承印未标注"注册商标"字样和注册标记的商标标识，未履行以下审核义务的，负责商标执法的部门应当依法查处：

（一）按照《商标印制管理办法》第三条、第六条、第七条的规定，核查证明文件以及商标图样；

（二）通过国家知识产权局官网查询在同一种商品或者服务上，他人是否已注册与承印商标标识相同的商标。

他人已在同一种商品或者服务上注册与承印商标标识相同的商标，商标印制单位仍然承接印制的，按照《商标印制管理办法》第十三条规定处理。

第三十三条　负责商标执法的部门查处恶意申请商标注册行为，可以参照国家知识产权局认定商标注册申请或者商标注册违反《商标法》第四条、第十条第一款第八项、第十三条、第十五条、第三十二条规定或者属于第四十四条第一款"以欺骗或者其他不正当手段取得注册的"情形的生效决定或者裁定，并结合具体案情，作出处理。

第三十四条　本标准由国家知识产权局负责解释。涉及商标授权确权的，适用《商标审查审理指南》。

第三十五条　本标准自 2022 年 1 月 1 日起施行。

最高人民法院关于审理商标民事纠纷案件适用法律若干问题的解释

［2002年10月12日最高人民法院审判委员会第1246次会议通过、2002年10月12日公布、自2002年10月16日起施行（法释〔2002〕32号） 根据2020年12月23日最高人民法院审判委员会第1823次会议通过、2020年12月29日公布、自2021年1月1日起施行的《最高人民法院关于修改〈最高人民法院关于审理侵犯专利权纠纷案件应用法律若干问题的解释（二）〉等十八件知识产权类司法解释的决定》（法释〔2020〕19号）修正］

为了正确审理商标纠纷案件，根据《中华人民共和国民法典》《中华人民共和国商标法》《中华人民共和国民事诉讼法》等法律的规定，就适用法律若干问题解释如下：

第一条 下列行为属于商标法第五十七条第（七）项规定的给他人注册商标专用权造成其他损害的行为：

（一）将与他人注册商标相同或者相近似的文字作为企业的字号在相同或者类似商品上突出使用，容易使相关公众产生误认的；

（二）复制、摹仿、翻译他人注册的驰名商标或其主要部分在不相同或者不相类似商品上作为商标使用，误导公众，致使该驰名商标注册人的利益可能受到损害的；

（三）将与他人注册商标相同或者相近似的文字注册为域名，并且通过该域名进行相关商品交易的电子商务，容易使相关公众产生误认的。

第二条 依据商标法第十三条第二款的规定，复制、摹仿、翻译他人未在中国注册的驰名商标或其主要部分,在相同或者类似商品上作为商标使用,容易导致混淆的,应当承担停止侵害的民事法律责任。

第三条 商标法第四十三条规定的商标使用许可包括以下三类:

(一)独占使用许可,是指商标注册人在约定的期间、地域和以约定的方式,将该注册商标仅许可一个被许可人使用,商标注册人依约定不得使用该注册商标;

(二)排他使用许可,是指商标注册人在约定的期间、地域和以约定的方式,将该注册商标仅许可一个被许可人使用,商标注册人依约定可以使用该注册商标但不得另行许可他人使用该注册商标;

(三)普通使用许可,是指商标注册人在约定的期间、地域和以约定的方式,许可他人使用其注册商标,并可自行使用该注册商标和许可他人使用其注册商标。

第四条 商标法第六十条第一款规定的利害关系人,包括注册商标使用许可合同的被许可人、注册商标财产权利的合法继承人等。

在发生注册商标专用权被侵害时,独占使用许可合同的被许可人可以向人民法院提起诉讼;排他使用许可合同的被许可人可以和商标注册人共同起诉,也可以在商标注册人不起诉的情况下,自行提起诉讼;普通使用许可合同的被许可人经商标注册人明确授权,可以提起诉讼。

第五条 商标注册人或者利害关系人在注册商标续展宽展期内提出续展申请,未获核准前,以他人侵犯其注册商标专用权提起诉讼的,人民法院应当受理。

第六条 因侵犯注册商标专用权行为提起的民事诉讼,由商标法第十三条、第五十七条所规定侵权行为的实施地、侵权商品的储藏地或者查封扣押地、被告住所地人民法院管辖。

前款规定的侵权商品的储藏地,是指大量或者经常性储存、隐匿侵权商品所在地;查封扣押地,是指海关等行政机关依法查封、扣押侵权商品所在地。

第七条 对涉及不同侵权行为实施地的多个被告提起的共同诉讼,原告可以选择其中一个被告的侵权行为实施地人民法院管辖;仅对其中某一被告提起的诉讼,该被告侵权行为实施地的人民法院有管辖权。

第八条 商标法所称相关公众,是指与商标所标识的某类商品或者服务有关的消费者和与前述商品或者服务的营销有密切关系的其他经营者。

第九条 商标法第五十七条第(一)(二)项规定的商标相同,是指被控侵权的商标与原告的注册商标相比较,二者在视觉上基本无差别。

商标法第五十七条第(二)项规定的商标近似,是指被控侵权的商标与原告的注册商标相比较,其文字的字形、读音、含义或者图形的构图及颜色,或者其各要素组合后的整体结构相似,或者其立体形状、颜色组合近似,易使相关公众对商品的来源产生误认或者认为其来源与原告注册商标的商品有特定的联系。

第十条 人民法院依据商标法第五十七条第(一)(二)项的规定,认定商标相同或者近似按照以下原则进行:

(一)以相关公众的一般注意力为标准;

(二)既要进行对商标的整体比对,又要进行对商标主要部分的比对,比对应当在比对对象隔离的状态下分别进行;

(三)判断商标是否近似,应当考虑请求保护注册商标的显著性和知名度。

第十一条 商标法第五十七条第(二)项规定的类似商品,是指在功能、用途、生产部门、销售渠道、消费对象等方面相同,或者相关公众一般认为其存在特定联系、容易造成混淆的商品。

类似服务,是指在服务的目的、内容、方式、对象等方面相同,或者相关公众一般认为存在特定联系、容易造成混淆的服务。

商品与服务类似,是指商品和服务之间存在特定联系,容易使相关公众混淆。

第十二条 人民法院依据商标法第五十七条第(二)项的规定,认定商品或者服务是否类似,应当以相关公众对商品或者服务的一般认识综合判断;《商标注册用商品和服务国际分类表》《类似商品和服务区分表》可以作为判断类似商品或者服务的参考。

第十三条 人民法院依据商标法第六十三条第一款的规定确定侵权人的赔偿责任时,可以根据权利人选择的计算方法计算赔偿数额。

第十四条 商标法第六十三条第一款规定的侵权所获得的利益,可以根据侵权商品销售量与该商品单位利润乘积计算;该商品单位利润无法查明的,按照注册商标商品的单位利润计算。

第十五条 商标法第六十三条第一款规定的因被侵权所受到的损失,可以根据权利人因侵权所造成商品销售减少量或者侵权商品销售量与该注册商标商品的单位利润乘积计算。

第十六条 权利人因被侵权所受到的实际损失、侵权人因侵权所获得的利益、注册商标使用许可费均难以确定的，人民法院可以根据当事人的请求或者依职权适用商标法第六十三条第三款的规定确定赔偿数额。

人民法院在适用商标法第六十三条第三款规定确定赔偿数额时，应当考虑侵权行为的性质、期间、后果，侵权人的主观过错程度，商标的声誉及制止侵权行为的合理开支等因素综合确定。

当事人按照本条第一款的规定就赔偿数额达成协议的，应当准许。

第十七条 商标法第六十三条第一款规定的制止侵权行为所支付的合理开支，包括权利人或者委托代理人对侵权行为进行调查、取证的合理费用。

人民法院根据当事人的诉讼请求和案件具体情况，可以将符合国家有关部门规定的律师费用计算在赔偿范围内。

第十八条 侵犯注册商标专用权的诉讼时效为三年，自商标注册人或者利害权利人知道或者应当知道权利受到损害以及义务人之日起计算。商标注册人或者利害关系人超过三年起诉的，如果侵权行为在起诉时仍在持续，在该注册商标专用权有效期限内，人民法院应当判决被告停止侵权行为，侵权损害赔偿数额应当自权利人向人民法院起诉之日起向前推算三年计算。

第十九条 商标使用许可合同未经备案的，不影响该许可合同的效力，但当事人另有约定的除外。

第二十条 注册商标的转让不影响转让前已经生效的商标使用许可合同的效力，但商标使用许可合同另有约定的除外。

第二十一条 人民法院在审理侵犯注册商标专用权纠纷案件中，依据民法典第一百七十九条、商标法第六十条的规定和案件具体情况，可以判决侵权人承担停止侵害、排除妨碍、消除危险、赔偿损失、消除影响等民事责任，还可以作出罚款，收缴侵权商品、伪造的商标标识和主要用于生产侵权商品的材料、工具、设备等财物的民事制裁决定。罚款数额可以参照商标法第六十条第二款的有关规定确定。

行政管理部门对同一侵犯注册商标专用权行为已经给予行政处罚的，人民法院不再予以民事制裁。

第二十二条 人民法院在审理商标纠纷案件中，根据当事人的请求和案件的具体情况,可以对涉及的注册商标是否驰名依法作出认定。

认定驰名商标,应当依照商标法第十四条的规定进行。

当事人对曾经被行政主管机关或者人民法院认定的驰名商标请求保护的,对方当事人对涉及的商标驰名不持异议,人民法院不再审查。提出异议的,人民法院依照商标法第十四条的规定审查。

第二十三条 本解释有关商品商标的规定,适用于服务商标。

第二十四条 以前的有关规定与本解释不一致的,以本解释为准。

最高人民法院关于审理涉及驰名商标保护的民事纠纷案件应用法律若干问题的解释

[2009年4月22日最高人民法院审判委员会第1467次会议通过、2009年4月23日公布、自2009年5月1日起施行(法释〔2009〕3号) 根据2020年12月23日最高人民法院审判委员会第1823次会议通过、2020年12月29日公布、自2021年1月1日起施行的《最高人民法院关于修改〈最高人民法院关于审理侵犯专利权纠纷案件应用法律若干问题的解释(二)〉等十八件知识产权类司法解释的决定》(法释〔2020〕19号)修正]

为在审理侵犯商标权等民事纠纷案件中依法保护驰名商标,根据《中华人民共和国商标法》《中华人民共和国反不正当竞争法》《中华人民共和国民事诉讼法》等有关法律规定,结合审判实际,制定本解释。

第一条 本解释所称驰名商标,是指在中国境内为相关公众所熟知的商标。

第二条　在下列民事纠纷案件中，当事人以商标驰名作为事实根据，人民法院根据案件具体情况，认为确有必要的，对所涉商标是否驰名作出认定：

（一）以违反商标法第十三条的规定为由，提起的侵犯商标权诉讼；

（二）以企业名称与其驰名商标相同或者近似为由，提起的侵犯商标权或者不正当竞争诉讼；

（三）符合本解释第六条规定的抗辩或者反诉的诉讼。

第三条　在下列民事纠纷案件中，人民法院对于所涉商标是否驰名不予审查：

（一）被诉侵犯商标权或者不正当竞争行为的成立不以商标驰名为事实根据的；

（二）被诉侵犯商标权或者不正当竞争行为因不具备法律规定的其他要件而不成立的。

原告以被告注册、使用的域名与其注册商标相同或者近似，并通过该域名进行相关商品交易的电子商务，足以造成相关公众误认为由，提起的侵权诉讼，按照前款第（一）项的规定处理。

第四条　人民法院认定商标是否驰名，应当以证明其驰名的事实为依据，综合考虑商标法第十四条第一款规定的各项因素，但是根据案件具体情况无需考虑该条规定的全部因素即足以认定商标驰名的情形除外。

第五条　当事人主张商标驰名的，应当根据案件具体情况，提供下列证据，证明被诉侵犯商标权或者不正当竞争行为发生时，其商标已属驰名：

（一）使用该商标的商品的市场份额、销售区域、利税等；

（二）该商标的持续使用时间；

（三）该商标的宣传或者促销活动的方式、持续时间、程度、资金投入和地域范围；

（四）该商标曾被作为驰名商标受保护的记录；

（五）该商标享有的市场声誉；

（六）证明该商标已属驰名的其他事实。

前款所涉及的商标使用的时间、范围、方式等，包括其核准注册前持续使用的情形。

对于商标使用时间长短、行业排名、市场调查报告、市场价值评估报告、是否曾被认定为著名商标等证据，人民法院应当结合认定商标驰名的其他证据,客观、全面地进行审查。

第六条 原告以被诉商标的使用侵犯其注册商标专用权为由提起民事诉讼,被告以原告的注册商标复制、摹仿或者翻译其在先未注册驰名商标为由提出抗辩或者提起反诉的,应当对其在先未注册商标驰名的事实负举证责任。

第七条 被诉侵犯商标权或者不正当竞争行为发生前,曾被人民法院或者行政管理部门认定驰名的商标,被告对该商标驰名的事实不持异议的,人民法院应当予以认定。被告提出异议的,原告仍应当对该商标驰名的事实负举证责任。

除本解释另有规定外,人民法院对于商标驰名的事实,不适用民事诉讼证据的自认规则。

第八条 对于在中国境内为社会公众所熟知的商标,原告已提供其商标驰名的基本证据,或者被告不持异议的,人民法院对该商标驰名的事实予以认定。

第九条 足以使相关公众对使用驰名商标和被诉商标的商品来源产生误认,或者足以使相关公众认为使用驰名商标和被诉商标的经营者之间具有许可使用、关联企业关系等特定联系的,属于商标法第十三条第二款规定的"容易导致混淆"。

足以使相关公众认为被诉商标与驰名商标具有相当程度的联系,而减弱驰名商标的显著性、贬损驰名商标的市场声誉,或者不正当利用驰名商标的市场声誉的,属于商标法第十三条第三款规定的"误导公众,致使该驰名商标注册人的利益可能受到损害"。

第十条 原告请求禁止被告在不相类似商品上使用与原告驰名的注册商标相同或者近似的商标或者企业名称的,人民法院应当根据案件具体情况,综合考虑以下因素后作出裁判:

(一)该驰名商标的显著程度;

(二)该驰名商标在使用被诉商标或者企业名称的商品的相关公众中的知晓程度;

(三)使用驰名商标的商品与使用被诉商标或者企业名称的商品之间的关联程度;

(四)其他相关因素。

第十一条 被告使用的注册商标违反商标法第十三条的规定,复制、摹仿或者翻译原告驰名商标，构成侵犯商标权的，人民法院应当根据原告的请求，依法判决禁止被告使用该商标，但被告的注册商标有下列情形之一的，人民法院对原告的请求不予支持：

（一）已经超过商标法第四十五条第一款规定的请求宣告无效期限的；

（二）被告提出注册申请时，原告的商标并不驰名的。

第十二条 当事人请求保护的未注册驰名商标，属于商标法第十条、第十一条、第十二条规定不得作为商标使用或者注册情形的，人民法院不予支持。

第十三条 在涉及驰名商标保护的民事纠纷案件中，人民法院对于商标驰名的认定，仅作为案件事实和判决理由，不写入判决主文；以调解方式审结的，在调解书中对商标驰名的事实不予认定。

第十四条 本院以前有关司法解释与本解释不一致的，以本解释为准。

最高人民法院关于审理注册商标、企业名称与在先权利冲突的民事纠纷案件若干问题的规定

［2008年2月18日最高人民法院审判委员会第1444次会议通过、2008年2月18日公布、自2008年3月1日起施行（法释〔2008〕3号） 根据2020年12月23日最高人民法院审判委员会第1823次会议通过、2020年12月29日公布、自2021年1月1日起施行的《最高人民法院关于修改〈最高人民法院关于审理侵犯专利权纠纷案件应用法律若干问题的解释（二）〉等十八件知识产权类司法解释的决定》（法释〔2020〕19号）修正］

为正确审理注册商标、企业名称与在先权利冲突的民事纠纷案件，根据

《中华人民共和国民法典》《中华人民共和国商标法》《中华人民共和国反不正当竞争法》和《中华人民共和国民事诉讼法》等法律的规定,结合审判实践,制定本规定。

第一条 原告以他人注册商标使用的文字、图形等侵犯其著作权、外观设计专利权、企业名称权等在先权利为由提起诉讼,符合民事诉讼法第一百一十九条规定的,人民法院应当受理。

原告以他人使用在核定商品上的注册商标与其在先的注册商标相同或者近似为由提起诉讼的,人民法院应当根据民事诉讼法第一百二十四条第(三)项的规定,告知原告向有关行政主管机关申请解决。但原告以他人超出核定商品的范围或者以改变显著特征、拆分、组合等方式使用的注册商标,与其注册商标相同或者近似为由提起诉讼的,人民法院应当受理。

第二条 原告以他人企业名称与其在先的企业名称相同或者近似,足以使相关公众对其商品的来源产生混淆,违反反不正当竞争法第六条第(二)项的规定为由提起诉讼,符合民事诉讼法第一百一十九条规定的,人民法院应当受理。

第三条 人民法院应当根据原告的诉讼请求和争议民事法律关系的性质,按照民事案件案由规定,确定注册商标或者企业名称与在先权利冲突的民事纠纷案件的案由,并适用相应的法律。

第四条 被诉企业名称侵犯注册商标专用权或者构成不正当竞争的,人民法院可以根据原告的诉讼请求和案件具体情况,确定被告承担停止使用、规范使用等民事责任。

最高人民法院关于审理商标案件有关管辖和法律适用范围问题的解释

［2001 年 12 月 25 日最高人民法院审判委员会第 1203 次会议通过、2002 年 1 月 9 日公布、自 2002 年 1 月 21 日起施行（法释〔2002〕1 号） 根据 2020 年 12 月 23 日最高人民法院审判委员会第 1823 次会议通过、2020 年 12 月 29 日公布、自 2021 年 1 月 1 日起施行的《最高人民法院关于修改〈最高人民法院关于审理侵犯专利权纠纷案件应用法律若干问题的解释（二）〉等十八件知识产权类司法解释的决定》（法释〔2020〕19 号）修正］

《全国人民代表大会常务委员会关于修改〈中华人民共和国商标法〉的决定》（以下简称商标法修改决定）已由第九届全国人民代表大会常务委员会第二十四次会议通过，自 2001 年 12 月 1 日起施行。为了正确审理商标案件，根据《中华人民共和国商标法》（以下简称商标法）、《中华人民共和国民事诉讼法》和《中华人民共和国行政诉讼法》（以下简称行政诉讼法）的规定，现就人民法院审理商标案件有关管辖和法律适用范围等问题，作如下解释：

第一条 人民法院受理以下商标案件：

1. 不服国家知识产权局作出的复审决定或者裁定的行政案件；

2. 不服国家知识产权局作出的有关商标的其他行政行为的案件；

3. 商标权权属纠纷案件；

4. 侵害商标权纠纷案件；

5. 确认不侵害商标权纠纷案件;
6. 商标权转让合同纠纷案件;
7. 商标使用许可合同纠纷案件;
8. 商标代理合同纠纷案件;
9. 申请诉前停止侵害注册商标专用权案件;
10. 申请停止侵害注册商标专用权损害责任案件;
11. 申请诉前财产保全案件;
12. 申请诉前证据保全案件;
13. 其他商标案件。

第二条 本解释第一条所列第1项第一审案件,由北京市高级人民法院根据最高人民法院的授权确定其辖区内有关中级人民法院管辖。

本解释第一条所列第2项第一审案件,根据行政诉讼法的有关规定确定管辖。

商标民事纠纷第一审案件,由中级以上人民法院管辖。

各高级人民法院根据本辖区的实际情况,经最高人民法院批准,可以在较大城市确定1-2个基层人民法院受理第一审商标民事纠纷案件。

第三条 商标注册人或者利害关系人向国家知识产权局就侵犯商标权行为请求处理,又向人民法院提起侵害商标权诉讼请求损害赔偿的,人民法院应当受理。

第四条 国家知识产权局在商标法修改决定施行前受理的案件,于该决定施行后作出复审决定或裁定,当事人对复审决定或裁定不服向人民法院起诉的,人民法院应当受理。

第五条 除本解释另行规定外,对商标法修改决定施行前发生,属于修改后商标法第四条、第五条、第八条、第九条第一款、第十条第一款第(二)、(三)、(四)项、第十条第二款、第十一条、第十二条、第十三条、第十五条、第十六条、第二十四条、第二十五条、第三十一条所列举的情形,国家知识产权局于商标法修改决定施行后作出复审决定或者裁定,当事人不服向人民法院起诉的行政案件,适用修改后商标法的相应规定进行审查;属于其他情形的,适用修改前商标法的相应规定进行审查。

第六条 当事人就商标法修改决定施行时已满一年的注册商标发生争议,不服国家知识产权局作出的裁定向人民法院起诉的,适用修改前商标法

第二十七条第二款规定的提出申请的期限处理；商标法修改决定施行时商标注册不满一年的，适用修改后商标法第四十一条第二款、第三款规定的提出申请的期限处理。

第七条 对商标法修改决定施行前发生的侵犯商标专用权行为，商标注册人或者利害关系人于该决定施行后在起诉前向人民法院提出申请采取责令停止侵权行为或者保全证据措施的，适用修改后商标法第五十七条、第五十八条的规定。

第八条 对商标法修改决定施行前发生的侵犯商标专用权行为起诉的案件，人民法院于该决定施行时尚未作出生效判决的，参照修改后商标法第五十六条的规定处理。

第九条 除本解释另行规定外，商标法修改决定施行后人民法院受理的商标民事纠纷案件，涉及该决定施行前发生的民事行为的，适用修改前商标法的规定；涉及该决定施行后发生的民事行为的，适用修改后商标法的规定；涉及该决定施行前发生，持续到该决定施行后的民事行为的，分别适用修改前、后商标法的规定。

第十条 人民法院受理的侵犯商标权纠纷案件，已经过行政管理部门处理的，人民法院仍应当就当事人民事争议的事实进行审查。

最高人民法院关于商标法修改决定施行后商标案件管辖和法律适用问题的解释

［2014年2月10日最高人民法院审判委员会第1606次会议通过、2014年3月25日公布、自2014年5月1日起施行（法释〔2014〕4号）　根据2020年12月23日最高人民法院审判委员会第1823次会议通过、2020年12月29日公布、自2021年1月1日起施行的《最高人民法院关于修改〈最高人民法院关于审理侵犯专利权纠纷案件应用法律若干问题的解释（二）〉等十八件知识产权类司法解释的决定》（法释〔2020〕19号）修正］

为正确审理商标案件，根据2013年8月30日第十二届全国人民代表大会常务委员会第四次会议《关于修改〈中华人民共和国商标法〉的决定》和重新公布的《中华人民共和国商标法》《中华人民共和国民事诉讼法》和《中华人民共和国行政诉讼法》等法律的规定，就人民法院审理商标案件有关管辖和法律适用等问题，制定本解释。

第一条　人民法院受理以下商标案件：

1. 不服国家知识产权局作出的复审决定或者裁定的行政案件；
2. 不服国家知识产权局作出的有关商标的其他行政行为的案件；
3. 商标权权属纠纷案件；
4. 侵害商标权纠纷案件；
5. 确认不侵害商标权纠纷案件；
6. 商标权转让合同纠纷案件；

7. 商标使用许可合同纠纷案件；

8. 商标代理合同纠纷案件；

9. 申请诉前停止侵害注册商标专用权案件；

10. 申请停止侵害注册商标专用权损害责任案件；

11. 申请诉前财产保全案件；

12. 申请诉前证据保全案件；

13. 其他商标案件。

第二条 不服国家知识产权局作出的复审决定或者裁定的行政案件及国家知识产权局作出的有关商标的行政行为案件，由北京市有关中级人民法院管辖。

第三条 第一审商标民事案件，由中级以上人民法院及最高人民法院指定的基层人民法院管辖。

涉及对驰名商标保护的民事、行政案件，由省、自治区人民政府所在地市、计划单列市、直辖市辖区中级人民法院及最高人民法院指定的其他中级人民法院管辖。

第四条 在行政管理部门查处侵害商标权行为过程中，当事人就相关商标提起商标权权属或者侵害商标权民事诉讼的，人民法院应当受理。

第五条 对于在商标法修改决定施行前提出的商标注册及续展申请，国家知识产权局于决定施行后作出对该商标申请不予受理或者不予续展的决定，当事人提起行政诉讼的，人民法院审查时适用修改后的商标法。

对于在商标法修改决定施行前提出的商标异议申请，国家知识产权局于决定施行后作出对该异议不予受理的决定，当事人提起行政诉讼的，人民法院审查时适用修改前的商标法。

第六条 对于在商标法修改决定施行前当事人就尚未核准注册的商标申请复审，国家知识产权局于决定施行后作出复审决定或者裁定，当事人提起行政诉讼的，人民法院审查时适用修改后的商标法。

对于在商标法修改决定施行前受理的商标复审申请，国家知识产权局于决定施行后作出核准注册决定，当事人提起行政诉讼的，人民法院不予受理；国家知识产权局于决定施行后作出不予核准注册决定，当事人提起行政诉讼的，人民法院审查相关诉权和主体资格问题时，适用修改前的商标法。

第七条 对于在商标法修改决定施行前已经核准注册的商标，国家知识产权局于决定施行前受理、在决定施行后作出复审决定或者裁定，当事人提起行政诉讼的，人民法院审查相关程序问题适用修改后的商标法，审查实体问题适用修改前的商标法。

第八条　对于在商标法修改决定施行前受理的相关商标案件，国家知识产权局于决定施行后作出决定或者裁定，当事人提起行政诉讼的，人民法院认定该决定或者裁定是否符合商标法有关审查时限规定时，应当从修改决定施行之日起计算该审查时限。

第九条　除本解释另行规定外，商标法修改决定施行后人民法院受理的商标民事案件，涉及该决定施行前发生的行为的，适用修改前商标法的规定；涉及该决定施行前发生，持续到该决定施行后的行为的，适用修改后商标法的规定。

最高人民法院关于审理商标授权确权行政案件若干问题的规定

［2016 年 12 月 12 日最高人民法院审判委员会第 1703 次会议通过、2017 年 1 月 10 日公布、自 2017 年 3 月 1 日起施行（法释〔2017〕2 号）　根据 2020 年 12 月 23 日最高人民法院审判委员会第 1823 次会议通过、2020 年 12 月 29 日公布、自 2021 年 1 月 1 日起施行的《最高人民法院关于修改〈最高人民法院关于审理侵犯专利权纠纷案件应用法律若干问题的解释（二）〉等十八件知识产权类司法解释的决定》（法释〔2020〕19 号）修正］

为正确审理商标授权确权行政案件，根据《中华人民共和国商标法》《中华人民共和国行政诉讼法》等法律规定，结合审判实践，制定本规定。

第一条 本规定所称商标授权确权行政案件,是指相对人或者利害关系人因不服国家知识产权局作出的商标驳回复审、商标不予注册复审、商标撤销复审、商标无效宣告及无效宣告复审等行政行为,向人民法院提起诉讼的案件。

第二条 人民法院对商标授权确权行政行为进行审查的范围,一般应根据原告的诉讼请求及理由确定。原告在诉讼中未提出主张,但国家知识产权局相关认定存在明显不当的,人民法院在各方当事人陈述意见后,可以对相关事由进行审查并作出裁判。

第三条 商标法第十条第一款第(一)项规定的同中华人民共和国的国家名称等"相同或者近似",是指商标标志整体上与国家名称等相同或者近似。

对于含有中华人民共和国的国家名称等,但整体上并不相同或者不相近似的标志,如果该标志作为商标注册可能导致损害国家尊严的,人民法院可以认定属于商标法第十条第一款第(八)项规定的情形。

第四条 商标标志或者其构成要素带有欺骗性,容易使公众对商品的质量等特点或者产地产生误认,国家知识产权局认定其属于2001年修正的商标法第十条第一款第(七)项规定情形的,人民法院予以支持。

第五条 商标标志或者其构成要素可能对我国社会公共利益和公共秩序产生消极、负面影响的,人民法院可以认定其属于商标法第十条第一款第(八)项规定的"其他不良影响"。

将政治、经济、文化、宗教、民族等领域公众人物姓名等申请注册为商标,属于前款所指的"其他不良影响"。

第六条 商标标志由县级以上行政区划的地名或者公众知晓的外国地名和其他要素组成,如果整体上具有区别于地名的含义,人民法院应当认定其不属于商标法第十条第二款所指情形。

第七条 人民法院审查诉争商标是否具有显著特征,应当根据商标所指定使用商品的相关公众的通常认识,判断该商标整体上是否具有显著特征。商标标志中含有描述性要素,但不影响其整体具有显著特征的;或者描述性标志以独特方式加以表现,相关公众能够以其识别商品来源的,应当认定其具有显著特征。

第八条 诉争商标为外文标志时,人民法院应当根据中国境内相关公众的通常认识,对该外文商标是否具有显著特征进行审查判断。标志中外文的固有含义可能影响其在指定使用商品上的显著特征,但相关公众对该固有含义的认知程度较低,能够以该标志识别商品来源的,可以认定其具有显著特征。

第九条　仅以商品自身形状或者自身形状的一部分作为三维标志申请注册商标,相关公众一般情况下不易将其识别为指示商品来源标志的,该三维标志不具有作为商标的显著特征。

该形状系申请人所独创或者最早使用并不能当然导致其具有作为商标的显著特征。

第一款所称标志经过长期或者广泛使用,相关公众能够通过该标志识别商品来源的,可以认定该标志具有显著特征。

第十条　诉争商标属于法定的商品名称或者约定俗成的商品名称的,人民法院应当认定其属于商标法第十一条第一款第(一)项所指的通用名称。依据法律规定或者国家标准、行业标准属于商品通用名称的,应当认定为通用名称。相关公众普遍认为某一名称能够指代一类商品的,应当认定为约定俗成的通用名称。被专业工具书、辞典等列为商品名称的,可以作为认定约定俗成的通用名称的参考。

约定俗成的通用名称一般以全国范围内相关公众的通常认识为判断标准。对于由于历史传统、风土人情、地理环境等原因形成的相关市场固定的商品,在该相关市场内通用的称谓,人民法院可以认定为通用名称。

诉争商标申请人明知或者应知其申请注册的商标为部分区域内约定俗成的商品名称的,人民法院可以视其申请注册的商标为通用名称。

人民法院审查判断诉争商标是否属于通用名称,一般以商标申请日时的事实状态为准。核准注册时事实状态发生变化的,以核准注册时的事实状态判断其是否属于通用名称。

第十一条　商标标志只是或者主要是描述、说明所使用商品的质量、主要原料、功能、用途、重量、数量、产地等的,人民法院应当认定其属于商标法第十一条第一款第(二)项规定的情形。商标标志或者其构成要素暗示商品的特点,但不影响其识别商品来源功能的,不属于该项所规定的情形。

第十二条　当事人依据商标法第十三条第二款主张诉争商标构成对其未注册的驰名商标的复制、摹仿或者翻译而不应予以注册或者应予无效的,人民法院应当综合考量如下因素以及因素之间的相互影响，认定是否容易导致混淆：

（一）商标标志的近似程度；

（二）商品的类似程度；

（三）请求保护商标的显著性和知名程度；

（四）相关公众的注意程度；

（五）其他相关因素。

商标申请人的主观意图以及实际混淆的证据可以作为判断混淆可能性的参考因素。

第十三条　当事人依据商标法第十三条第三款主张诉争商标构成对其已注册的驰名商标的复制、摹仿或者翻译而不应予以注册或者应予无效的，人民法院应当综合考虑如下因素，以认定诉争商标的使用是否足以使相关公众认为其与驰名商标具有相当程度的联系，从而误导公众，致使驰名商标注册人的利益可能受到损害：

（一）引证商标的显著性和知名程度；

（二）商标标志是否足够近似；

（三）指定使用的商品情况；

（四）相关公众的重合程度及注意程度；

（五）与引证商标近似的标志被其他市场主体合法使用的情况或者其他相关因素。

第十四条　当事人主张诉争商标构成对其已注册的驰名商标的复制、摹仿或者翻译而不应予以注册或者应予无效，国家知识产权局依据商标法第三十条规定裁决支持其主张的，如果诉争商标注册未满五年，人民法院在当事人陈述意见之后，可以按照商标法第三十条规定进行审理；如果诉争商标注册已满五年，应当适用商标法第十三条第三款进行审理。

第十五条　商标代理人、代表人或者经销、代理等销售代理关系意义上的代理人、代表人未经授权，以自己的名义将与被代理人或者被代表人的商标相同或者近似的商标在相同或者类似商品上申请注册的，人民法院适用商标法第十五条第一款的规定进行审理。

在为建立代理或者代表关系的磋商阶段，前款规定的代理人或者代表人将被代理人或者被代表人的商标申请注册的，人民法院适用商标法第十五条第一款的规定进行审理。

商标申请人与代理人或者代表人之间存在亲属关系等特定身份关系的，可以推定其商标注册行为系与该代理人或者代表人恶意串通，人民法院适用商标法第十五条第一款的规定进行审理。

第十六条 以下情形可以认定为商标法第十五条第二款中规定的“其他关系”：

（一）商标申请人与在先使用人之间具有亲属关系；

（二）商标申请人与在先使用人之间具有劳动关系；

（三）商标申请人与在先使用人营业地址邻近；

（四）商标申请人与在先使用人曾就达成代理、代表关系进行过磋商，但未形成代理、代表关系；

（五）商标申请人与在先使用人曾就达成合同、业务往来关系进行过磋商，但未达成合同、业务往来关系。

第十七条 地理标志利害关系人依据商标法第十六条主张他人商标不应予以注册或者应予无效，如果诉争商标指定使用的商品与地理标志产品并非相同商品，而地理标志利害关系人能够证明诉争商标使用在该产品上仍然容易导致相关公众误认为该产品来源于该地区并因此具有特定的质量、信誉或者其他特征的，人民法院予以支持。

如果该地理标志已经注册为集体商标或者证明商标，集体商标或者证明商标的权利人或者利害关系人可选择依据该条或者另行依据商标法第十三条、第三十条等主张权利。

第十八条 商标法第三十二条规定的在先权利，包括当事人在诉争商标申请日之前享有的民事权利或者其他应予保护的合法权益。诉争商标核准注册时在先权利已不存在的，不影响诉争商标的注册。

第十九条 当事人主张诉争商标损害其在先著作权的，人民法院应当依照著作权法等相关规定，对所主张的客体是否构成作品、当事人是否为著作权人或者其他有权主张著作权的利害关系人以及诉争商标是否构成对著作权的侵害等进行审查。

商标标志构成受著作权法保护的作品的，当事人提供的涉及商标标志的设计底稿、原件、取得权利的合同、诉争商标申请日之前的著作权登记证书等，均可以作为证明著作权归属的初步证据。

商标公告、商标注册证等可以作为确定商标申请人为有权主张商标标志著作权的利害关系人的初步证据。

第二十条　当事人主张诉争商标损害其姓名权，如果相关公众认为该商标标志指代了该自然人，容易认为标记有该商标的商品系经过该自然人许可或者与该自然人存在特定联系的，人民法院应当认定该商标损害了该自然人的姓名权。

当事人以其笔名、艺名、译名等特定名称主张姓名权，该特定名称具有一定的知名度，与该自然人建立了稳定的对应关系，相关公众以其指代该自然人的，人民法院予以支持。

第二十一条　当事人主张的字号具有一定的市场知名度，他人未经许可申请注册与该字号相同或者近似的商标，容易导致相关公众对商品来源产生混淆，当事人以此主张构成在先权益的，人民法院予以支持。

当事人以具有一定市场知名度并已与企业建立稳定对应关系的企业名称的简称为依据提出主张的，适用前款规定。

第二十二条　当事人主张诉争商标损害角色形象著作权的，人民法院按照本规定第十九条进行审查。

对于著作权保护期限内的作品，如果作品名称、作品中的角色名称等具有较高知名度，将其作为商标使用在相关商品上容易导致相关公众误认为其经过权利人的许可或者与权利人存在特定联系，当事人以此主张构成在先权益的，人民法院予以支持。

第二十三条　在先使用人主张商标申请人以不正当手段抢先注册其在先使用并有一定影响的商标的，如果在先使用商标已经有一定影响，而商标申请人明知或者应知该商标，即可推定其构成"以不正当手段抢先注册"。但商标申请人举证证明其没有利用在先使用商标商誉的恶意的除外。

在先使用人举证证明其在先商标有一定的持续使用时间、区域、销售量或者广告宣传的，人民法院可以认定为有一定影响。

在先使用人主张商标申请人在与其不相类似的商品上申请注册其在先使用并有一定影响的商标，违反商标法第三十二条规定的，人民法院不予支持。

第二十四条　以欺骗手段以外的其他方式扰乱商标注册秩序、损害公共利益、不正当占用公共资源或者谋取不正当利益的，人民法院可以认定其属于商标法第四十四条第一款规定的“其他不正当手段”。

第二十五条 人民法院判断诉争商标申请人是否“恶意注册”他人驰名商标,应综合考虑引证商标的知名度、诉争商标申请人申请诉争商标的理由以及使用诉争商标的具体情形来判断其主观意图。引证商标知名度高、诉争商标申请人没有正当理由的,人民法院可以推定其注册构成商标法第四十五条第一款所指的“恶意注册”。

第二十六条 商标权人自行使用、他人经许可使用以及其他不违背商标权人意志的使用,均可认定为商标法第四十九条第二款所称的使用。

实际使用的商标标志与核准注册的商标标志有细微差别,但未改变其显著特征的,可以视为注册商标的使用。

没有实际使用注册商标,仅有转让或者许可行为;或者仅是公布商标注册信息、声明享有注册商标专用权的,不认定为商标使用。

商标权人有真实使用商标的意图,并且有实际使用的必要准备,但因其他客观原因尚未实际使用注册商标的,人民法院可以认定其有正当理由。

第二十七条 当事人主张国家知识产权局下列情形属于行政诉讼法第七十条第(三)项规定的“违反法定程序”的,人民法院予以支持:

(一)遗漏当事人提出的评审理由,对当事人权利产生实际影响的;

(二)评审程序中未告知合议组成员,经审查确有应当回避事由而未回避的;

(三)未通知适格当事人参加评审,该方当事人明确提出异议的;

(四)其他违反法定程序的情形。

第二十八条 人民法院审理商标授权确权行政案件的过程中,国家知识产权局对诉争商标予以驳回、不予核准注册或者予以无效宣告的事由不复存在的,人民法院可以依据新的事实撤销国家知识产权局相关裁决,并判令其根据变更后的事实重新作出裁决。

第二十九条 当事人依据在原行政行为之后新发现的证据,或者在原行政程序中因客观原因无法取得或在规定的期限内不能提供的证据,或者新的法律依据提出的评审申请,不属于以“相同的事实和理由”再次提出评审申请。

在商标驳回复审程序中,国家知识产权局以申请商标与引证商标不构成使用在同一种或者类似商品上的相同或者近似商标为由准予申请商标初步审定公告后，以下情形不视为“以相同的事实和理由”再次提出评审申请：

（一）引证商标所有人或者利害关系人依据该引证商标提出异议，国家知识产权局予以支持，被异议商标申请人申请复审的；

（二）引证商标所有人或者利害关系人在申请商标获准注册后依据该引证商标申请宣告其无效的。

第三十条 人民法院生效裁判对于相关事实和法律适用已作出明确认定，相对人或者利害关系人对于国家知识产权局依据该生效裁判重新作出的裁决提起诉讼的，人民法院依法裁定不予受理；已经受理的，裁定驳回起诉。

第三十一条 本规定自 2017 年 3 月 1 日起施行。人民法院依据 2001 年修正的商标法审理的商标授权确权行政案件可参照适用本规定。

最高人民法院关于人民法院对注册商标权进行财产保全的解释

［2000 年 11 月 22 日最高人民法院审判委员会第 1144 次会议通过、2001 年 1 月 2 日公布、自 2001 年 1 月 21 日起施行（法释〔2001〕1 号） 根据 2020 年 12 月 23 日最高人民法院审判委员会第 1823 次会议通过、2020 年 12 月 29 日公布、自 2021 年 1 月 1 日起施行的《最高人民法院关于修改〈最高人民法院关于审理侵犯专利权纠纷案件应用法律若干问题的解释（二）〉等十八件知识产权类司法解释的决定》（法释〔2020〕19 号）修正］

为了正确实施对注册商标权的财产保全措施，避免重复保全，现就人民法院对注册商标权进行财产保全有关问题解释如下：

第一条 人民法院根据民事诉讼法有关规定采取财产保全措施时，需要对注册商标权进行保全的，应当向国家知识产权局商标局（以下简称商标局）发出协助执行通知书，载明要求商标局协助保全的注册商标的名称、注册人、注册证号码、保全期限以及协助执行保全的内容，包括禁止转让、注销注册商标、变更注册事项和办理商标权质押登记等事项。

第二条 对注册商标权保全的期限一次不得超过一年，自商标局收到协助执行通知书之日起计算。如果仍然需要对该注册商标权继续采取保全措施的，人民法院应当在保全期限届满前向商标局重新发出协助执行通知书，要求继续保全。否则，视为自动解除对该注册商标权的财产保全。

第三条 人民法院对已经进行保全的注册商标权，不得重复进行保全。